보들레르의 현대 생활의 화가
(Le Peintre de la vie moderne)

인문학 간편 읽기

보들레르의
현대 생활의 화가

샤를 보들레르

번역 · 해설 박기현

인문서재

목차

I. 아름다움, 유행, 그리고 행복 ··· 7
II. 풍속의 스케치 ·· 15
III. 예술가, 세계인, 군중의 인간 그리고 아이 ···················· 18
IV. 현대성 ·· 33
V. 기억의 예술 ·· 41
VI. 전쟁의 연대기 ··· 48
VII. 화려한 의식과 성대한 축제 ··· 57
VIII. 군인 ··· 65
IX. 댄디 ··· 70
X. 여자 ··· 78
XI. 화장 예찬 ··· 82
XII. 여자들과 창녀들 ··· 89
XIII. 마차들 ·· 99
(해제) 보들레르의 도시 산보자:
    그 영원성과 순간성의 미학 박기현 ····························· 104

만년의 콩스탕탱 기스

I

아름다움, 유행, 그리고 행복

 루브르 미술관에서 그림을 감상할 때 비록 이류로 평가될지라도 매우 흥미로운 작품들을 만날 수가 있다. 그러나 사람들은, 심지어 예술가들조차도 이들 작품에는 눈길 한 번 주지 않고 빠르게 지나쳐 간다. 그러나 판화의 형태로 일반 대중들에게 가장 인기 있었던 티치아노나 라파엘로[1]의 작품들 앞에서는 우뚝 서서 꿈을 꾸듯 감상을 한다. 그리고는 아주 만족한 모습으로 미술관을 나와서는 "나는 미술관을 잘 알고 있지" 하고 중얼거린다. 그와 마찬가지로 보쉬에나

---

1) (이하, 다른 표시 없으면 각주는 모두 번역자의 것임.) 티치아노(Vecellio Tiziano, 1488경~1576)와 라파엘로(Raffaello Sanzio, 1483~1520)는 이탈리아 르네상스 시대 화가들.

라신[2]의 작품을 읽어 보았다고 문학사에 정통하다고 믿고 있는 사람들도 있다.

다행히도 가끔 가다 모든 것이 라파엘로나 라신에만 있는 것은 아니며, **군소 시인들**(poetae minores)의 시 중에도 좋고 내용이 충실하며 매력적인 시가 있다고 주장하는 사람들이 나타난다. 그들은 잘못된 것을 바로잡아 주는 사람들, 비평가, 애호가, 혹은 호기심 많은 탐구자들이다. 그들은 우리가 아무리 고전적인 시인들과 예술가들에 의해 표현된 일반적인 아름다움을 사랑한다고 할지라도, 특별한 아름다움, 상황의 아름다움, 그리고 풍속의 특색을 무시하는 것은 잘못이라고 말한다.

여러 해 전부터 세상이 조금은 변했다는 사실을 인정해야 하겠다. 오늘날 수집가들이 지난 세기의 화려하게 채색된 판화에 매기는 가격은 대중들이 필요로 하는 방향으로 어떤 반동이 일어났다는 것을 증명한다. 드뷔쿠르, 생오뱅 형제[3] 그리고 그 밖의 다른 많은 사람들도 연구할 가치가 있는 예

---

[2] 보쉬에(Jacques-Bénigne Bossuet, 1627~1704)는 왕권신수설을 주창한 프랑스 신학자이자 정치사상가, 라신(Jean-Baptiste Racine, 1639~1699)은 프랑스 고전비극 작가.
[3] 드뷔쿠르(Philibert-Louis Debucourt, 1755~1832)와 생오뱅 형제(Gabriel 1724~1780, Augustin de Saint-Aubin 1724~1780)는 프랑스 화가들.

술가들의 사전에 들어왔다. 이런 사람들은 과거를 대변한다. 하지만 오늘날 내가 애착을 갖고 있는 것은 현재의 풍속을 그린 그림들이다. 과거는 예술가들이 그들에게 현재였던 그 과거에서 추출해 낼 줄 알았던 아름다움에 의해서뿐만 아니라, 또한 과거로서의 그 역사적 가치 때문에도 흥미로운 법이다. 현재도 마찬가지이다. 우리가 현재의 재현에서 추출하는 즐거움은 현재를 감싸고 있는 그 아름다움에서뿐만 아니라 현재의 본질적인 특성에 기인하는 것이다.

내 눈앞에는 프랑스 혁명에서 시작해서 거의 집정정부 시대[4]에 끝나는 당시 유행했던 의상들을 보여 주는 일련의 판화들이 있다.[5] 생각 없는 사람들―진정한 진지함 없이 진지한 사람들―에게 우스꽝스러울 이 의상들은, 예술적이며 역사적인 이중적인 성격의 매력을 지니고 있다. 이 의상들은 종종 매우 아름답고 재치 있게 그려져 있다. 그러나 모든 면에서 내게 중요한 것, 모든 또는 거의 모든 의상에서 내가 다시 찾아서 기쁜 것은 그 시대의 윤리와 미학이다. 인간이

---

[4] 대혁명(1789) 후 나폴레옹에 의해 1799년 성립했다가 1804년 나폴레옹의 황제 즉위와 함께 폐지된 정부.
[5] 이 글을 쓰기 4년여 전인 1859년 초, 보들레르는 자신의 출판업자였던 풀레말라시(Poulet-Malassis)에게 패션을 표현한 판화들을 보내 주어서 고맙다는 편지를 보낸 바 있다.

자신을 위하여 창조하는 아름다움에 대한 생각은 그의 모든 몸가짐에 새겨지고, 그의 옷을 구기거나 뻣뻣하게 펴기도 하며, 그의 동작을 부드럽게 하거나 경직시키며, 결국에는 그의 얼굴 표정에까지도 미묘하게 스며들게 된다. 인간은 결국 자신이 되고 싶어 하는 모습을 닮게 된다. 이런 판화들은 아름답거나 추하게 번역될 수 있다. 추하게 되면 그것은 풍자화가 되고 아름답게 되면 고대의 조각상이 된다.

이 옷들을 입고 있던 여자들은 자신들을 특징짓는 시적(詩的)인 요소나 저속함의 정도에 따라서 풍자화나 혹은 조각상들과 어느 정도 닮아 있다. 살아 있는 육체는 우리에게 너무 딱딱해 보이는 것에도 물결치는 움직임을 부여해 주었다. 오늘날에도 관람객의 상상력은 [로마인의] **튜닉**과 **숄**을 걷게 하고 떨게 할 수 있다. 아마도 언젠가는 어떤 연극이 극장에서 공연되어, 그곳에서 우리의 보잘것없는 의복—이 의복들은 나름대로의 우아함을 갖고 있기는 하지만 그 우아함은 차라리 윤리적이고 정신적인 성격을 지니고 있다—을 입고서, 우리 자신이 매력적이라고 생각하는 것처럼, 우리 아버지들이 매력적이라고 생각했던 의상들이 부활하는 것을 볼 수 있을지도 모른다. 훌륭한 남녀 배우들이 이 의상들을 입고 이 의상들에 생명을 불어넣는다면, 우리는 그렇게 경솔하게 웃을 수 있었던 것에 대해 놀라게 될 것이다. 과거는 유령으로서의 매력을 하나도 잃지 않은 채, 삶의 빛과 활기를 되찾을 것이고 현재가 될 것이다.

만일 어떤 편견 없는 연구자가 프랑스 초창기에서부터 현재에 이르기까지 유행했던 **모든** 의상들을 하나하나 살펴본다면, 그는 놀랍거나 충격적인 것은 아무것도 발견하지 못할 것이다. 의상들의 변천은 동물 세계에서의 변화처럼 정교하게 표현되어 있을 것이다. 조금도 공백이 없기 때문에 조금도 놀랄 것이 없다. 만일 그 사람이 각 시대를 표현하는 삽화에 그 시대가 가장 몰두했거나, 또는 그 시대의 가장 충격적인 철학적 사상―물론 삽화 그 자체가 필연적으로 철학적 사상의 추억을 암시하는 법인데―을 덧붙인다면, 그는 어떻게 심오한 조화가 역사의 모든 구성원들을 지배했는지를, 심지어 우리에게 가장 끔찍하고 가장 미친 듯이 보이는 시대에조차도 미(美)에 대한 끝없는 열망이 어떻게 항상 충족되었는지를 알게 될 것이다.

사실상 지금이 유일하고 절대적인 미의 이론과 대립하는 미의 합리적이며 역사적인 이론을 확립하기에, 미는 비록 미가 빚어내는 인상이 하나일지라도 반드시 항상 이중적으로 구성되어 있다는 것을 보여 주기에 좋은 기회이다.

왜냐하면 단일한 인상 속에서 미의 다양한 요소들을 분간해 내는 데 어려움이 있다고 해서, 그 구성에 있어서 다양함이 필요하다는 생각을 약화시키지는 않기 때문이다. 미는 그 양을 결정하기가 매우 어려운 영원하고 불변적인 요소와 상대적이고 상황적인 요소로 이루어졌는데, 이 상대적이고 상황적인 요소는 번갈아 가며 혹은 일체가 되어, 이를테면 시대나 유행, 윤리나 열정이 되는 것이다. 신성한 과자의 즐겁고 감칠맛 나고 군침 돌게 하는 당의(糖衣)와도 같은 이 두 번째 요소가 없다면, 첫 번째 요소는 소화될 수가 없고 맛을 알 수도 없으며, 인간의 본성에 받아들여지거나 맞지도 않게 될 것이다. 나는 누구든지 이 두 요소를 포함하지 않은 어떤 미의 견본을 발견할 수 있다면 발견해 보라고 하겠다.

나는 역사에 있어서 두 극단적인 예를 들겠다. 우선 종교 예술에 있어서 이원성은 첫눈에 들어온다. 영원한 미의 부분은 예술가가 속해 있는 종교의 허락과 규칙 아래서만 자신을 드러낸다. 우리가 허영심에 차서 너무 문명화되었다고 부르는 이 시대에 속하는 세련된 예술가의 가장 경박한 작품 안에서도 역시 이원성은 드러난다. 영원한 미는 유행에 따라서가 아니라면, 적어도 작가의 특별한 기질에 의해서 숨겨지고 동시에 표현된다. 즉 예술의 이원성은 인간의 이원성의 숙명적인 결과이다. 원한다면 영원히 존속하는 부분을 예술의 영혼으로, 가변적인 요소를 그 육체라고 생각해 보라. 그래서 오만하고 짓궂고 혐오감을 주기까지 하는 스탕달이―그의 오만함은 가끔 명상에 유리한 자극을 주기도 하였는데―"**아름다움은 단지 행복의 약속일 뿐이다**"[6]라고 말했을 때, 그는 다른 어떤 사람들보다 진리에 가장 접근했었다. 분명 이 정의는 목표를 뛰어넘고 있다. 왜냐하면 이 정의는 미를 행복의 무한하고 가변적인 이상에 너무 종속시키고, 너무 교묘하게 미로부터 미의 귀족적 성격을 제거하기 때문이다. 하지만 이 정의는 아카데미 회원들의 오류와 확실히 단절하였다는 큰 장점을 지니고 있다.

나는 이미 이러한 사실들에 대해 한 번 이상 설명한 적이 있다.[7] 지금까지 설명한 이 몇 줄은 추상적 사고의 유희를 좋아하는 사람들에게는 이미 충분할 것이다. 그러나 대부분의 프랑스 독자들이 이런 설명에 거의 만족하지 않는다는

---

[6] 스탕달(Marie Henri Beyle Stendhal, 1783~1842)은 프랑스 소설가, 인용문은 『연애론』 제17장에서.
[7] 보들레르는 자신의 「1846년 살롱평」의 마지막 장인 '현대 생활의 영웅주의에 대하여'와 「1855년 만국박람회 평론」의 제1장 '비평 방법. 예술에 적용되고 있는 현대 진보 개념에 대하여'에서 미의 이론에 대하여 논한 바 있다.

것을 알고 있기 때문에 나는 서둘러서 나의 주제에 관한 실증적이고 사실적인 부분으로 들어가고자 한다.

II
풍속의 스케치

풍속을 스케치하고, 부르주아의 삶을 표현하고, 화려한 의상의 행렬을 그리는 데 있어서는, 가장 빠르면서 가장 돈이 적게 드는 방법이 물론 제일 좋은 방법이다. 예술가가 자기 작품 속에 아름다움을 더 많이 표현하면 표현할수록 작품은 물론 더욱 가치 있게 된다. 하지만 평범한 삶과 외부 사물들의 일상적인 변화 속에는 빠른 움직임이 있고, 그것을 표현하려면 예술가도 그 움직임만큼 빠르게 작업을 해야 한다. 조금 전에 내가 이야기했듯이, 여러 가지로 채색된 18세기의 판화들이 새롭게 인기를 얻었다. 파스텔과 에칭, 그리고 아콰틴트[8] 판화들이 도서관이나 미술 애호가들의 화첩, 그리고 가장 값싼 가게들의 진열장 뒤에 흩어져 있는 채로, 이 거대한 현대 생활이라는 사전에 번갈아 가며 자신들의 몫을 담당하여 왔다. 그런데 석판화가 나타나자, 곧 외양상으로는 가벼워 보이는 이 거대한 임무에 아주 적합해 보였다. 우리는 이 분야에 진정으로 기념비적인 작품들을 갖고 있다. 가바르니[9]와 도미에[10]의 작품들은 『인간 희극』[11]의 상보적인 작품이라고 정당하게 평가되어 왔다. 나는 발자크 자신도 풍속화의 재능은 복합적인 재능, 다시 말해 상당 부분 문학 정신을 포함하는 재능이라는 이 생각에 크게 반대하지 않았으리라고 확신한다. 관찰자이건 산보자(flâneur)이건 철학자이건, 여러분은 그를 원하는 대로 부르라. 하지만 분명히 여러분은 이런 종류의 예술가를 특징짓기 위해서 어떤 단어들을 사용하건 간에, 영원한 아니 영원하지는 않아도 적어도 훨씬 영속적인 사물들, 영웅적이거

---

8) 동판을 부식시켜 요판(凹版)을 제작하는 판화 기법의 하나. 단색으로 수채화와 같은 농담 효과를 낸다.
9) Paul Gavarni, 1804~1866, 프랑스 판화가·수채화가. 다음 장에서 'G씨'라며 익명으로 등장할 이 글의 주인공 콩스탕탱 기스와 함께 〈일러스트레이티드 런던 뉴스〉지의 삽화를 그렸다.
10) Honoré Daumier, 1808~1879, 프랑스 석판화가. 격변의 시기 사회 비판과 정치 풍자 작품을 많이 발표했다.
11) 바로 다음에 나오는 발자크(Honoré de Balzac, 1799~1850)가 스스로 붙인 작품집 이름. 대혁명 이후 약 반 세기간에 걸치는 사회상과 생활상을 다룬 91편의 소설과 46편의 에세이로 이루어져 있다.

나 종교적인 주제의 화가에 적용할 수 없는 형용사를 부여하게 될 것이다. 이따금 그는 시인이다. 더 자주 그는 소설가나 모럴리스트[12]에 가까워진다. 그는 우연성의 화가이며, 우연성이 함축하고 있는 영원성을 암시하는 모든 것의 화가이다. 모든 나라에는 자기 나라의 기쁨과 명예를 위한 이런 종류의 인간들이 몇 명씩 있다. 현재 우리 시대에는 기억에 먼저 떠오르는 도미에와 가바르니라는 이름에, 왕정복고 시대의 방종한 매력의 역사가들인 드베리아, 모랭, 뉘마 등을 첨가할 수 있고, 또 와티에, 타사에르, 귀족적인 우아함을 너무 사랑한 나머지 거의 영국인이라고 할 수 있는 외젠 라미, 그리고 가난함과 비근한 일상의 기록자인 트리몰레와 트라비에[13]까지도 덧붙일 수 있다.

---

12) 몽테뉴 이래 16~18세기 프랑스에서 일상의 관찰을 통해 인간성에 대한 성찰을 담은 에세이나 단장 형식으로 쓴 작가들.
13) 드베리아(Achilles Devéria, 1800~1857), 모랭(Nicolas-Eustache Maurin, 1799~1850), 뉘마(본명 Pierre Numa Bassaget, 1802~1872), 와티에(Charles-Émile Wattier, 1800~1868), 타사에르(Octave Tassaert, 1808~1874), 라미(Eugène Lami, 1800~1890), 트리몰레(Louis-Joseph Trimolet, 1812~1843), 트라비에(본명 Charles-Joseph Traviès de Villers, 1804~1859)는 모두 프랑스 화가들.

III
예술가, 세계인, 군중의 인간 그리고 아이

 오늘 나는 독자에게 독창성이 너무 뛰어나고 너무 확고하여 그 자체로 충분하고, 다른 사람들의 인정이 필요하지 않은 특이한 한 인물(un homme singulier)[14]에 대해 이야기하려 한다. 만일 여러분이 쉽게 위조할 수 있고 이름을 나타내며, 많은 다른 예술가들이 자신들의 하찮은 스케치 밑에 화려하게 써넣는 몇 개의 문자를 서명이라고 부른다면, 그는 자신의 데생에 하나도 서명하지 않았다. 하지만 그의 모든 작품들은 불타오르는 영혼으로 서명되어 있고, 그 작품들을 보고 감탄한 애호가들은 내가 앞으로 해 나갈 묘사에

---
14) 보들레르에게 있어서 예술가들을 수식하는 형용사들 중 '특이한(singulier)'이란 형용사는 대부분 극찬의 의미를 내포하고 있다.

서 쉽게 그의 작품들을 알아볼 것이다. 군중과 익명의 사람들을 정열적으로 사랑하는 C. G씨[15]는 독창성을 수줍음으로까지 밀고 나간다. 잘 알려진 대로 새커리 씨[16]는 예술에 대해 아주 호기심도 많고 자신 스스로가 자신의 소설의 삽화들을 그리는 사람인데, 어느 날 런던의 작은 신문 평에 G씨에 대하여 언급했다. G씨는 그것에 대해 마치 순결에 대한 모독처럼 불같이 화를 냈다. 얼마 전에도, 내가 그의 정신과 재능에 대해 평가를 할 것이라는 계획을 알고는, 자기의 이름을 지우고, 자기의 작품에 대해 이야기해야 한다면 익명의 예술가의 작품인 것처럼 이야기해 달라고 절박하게 부탁하였다. 나는 이 이상한 욕망에 겸허하게 따르겠다. 그러므로 독자와 나는 G씨가 존재하지 않는 것처럼 믿는 척하고, 마치 저자는 영원히 익명으로 남아 있고 우연히 발견된 귀중한 역사적인 서류를 판단하는 학자들인 것처럼, 그의 데생과 수채화들—그는 자신의 작품에 대해 귀족적인 경멸감을 갖고 있다—에 대해 관심을 가지도록 하자. 마지막으로 내 양심을 완전히 안심시키기 위해, 여러분은 이상

---

15) 콩스탕탱 기스(Constantin Guys, 1802~1892)를 가리킴. 콩스탕탱 기스에 대해서는 이 책 말미의 옮긴이 해제를 참조할 것.
16) William Thackeray, 1811~1863, 영국 소설가.

하고 신비스러울 정도로 기발한 그의 본성에 대하여 내가 앞으로 이야기할 모든 내용들이, 어느 정도 중요한 그의 작품들에서 암시를 받았다고 추측할 수 있을 것이다. 그러므로 이 글은 순수한 시적 가정과 추측 그리고 상상력의 작업이라고 할 수 있다.

G씨는 늙었다.[17] 장자크[18]는 마흔두 살에 이르러서 글을 쓰기 시작했다고 한다. G씨도 바로 이 시기에 이르러서야, 자신의 머릿속을 가득 채우고 사로잡아 왔던 이미지들을 흰 종이 위에 잉크와 물감을 통해 과감하게 표현할 용기를 가졌다. 진실을 말하자면, 그는 자신의 손이 서투른 것에, 그리고 자신의 도구들이 말을 듣지 않는 것에 조급해 하는 야만인이나 아이처럼 그림을 그리곤 했다. 나는 이 초기의 서투른 그림들을 상당히 많이 봤다. 그리고 이런 그림들의 전문가 혹은 전문가라고 주장하는 대부분의 사람들이, 이 어두운 초벌 그림 안에 머무르고 있던 잠재적인 재능을 발견하지 못한 사실도 용서되어야 한다고 고백해야겠다. 오늘날 직업이 요구하는 잡다한 작은 기술들을 자기 혼자서 발견하고, 다른 사람들의 조언 없이 스스로 혼자 교육을 마친

---

17) 이 글이 발표될 당시 보들레르는 42세, 콩스탕탱 기스는 61세였다.
18) 철학자 장자크 루소(Jean-Jacques Rousseau, 1712~1778)를 가리킴.

G씨는, 이제 자기 방식대로 영향력 있는 대가가 되었으며, 초기의 순수함으로부터 자신의 풍부한 능력에 기발한 양념을 더하기 위해서, 필요한 부분만을 간직하여 왔다. 그가 자신의 젊은 시절의 역작들 중 한 작품을 우연히 보게 되면, 그는 우스울 정도의 부끄러움을 가지고 그 작품을 찢어 버리든지 또는 불태워 버린다.

십 년 동안 나는 천성적으로 뛰어난 여행가이며 세계주의자인 G씨를 알고 싶어 해 왔다. 그가 오랫동안 영국의 삽화 신문의 특파원이며,[19] 그 신문에 자신이 스페인, 터키, 크리미아 지역을 여행하면서 그린 스케치에 의거한 판화를 발표하였다는 사실도 알고 있었다. 그 후 이들 장소에서 즉석으로 그린 엄청나게 많은 데생들을 보았고, 그래서 다른 어떤 설명보다도 내가 좋아했던 크리미아 종군[20]에서 매일매일 일어나는 자세한 설명을 읽을 수 있었다. 또한 그 신문은

---

19) 아래 제6장부터 실명으로 언급되는 영국 주간 잡지(현재는 월간) 〈일러스트레이티드 런던 뉴스(Illustrated London News)〉를 가리킴. 1842년 창간한 이 잡지는 당대 우수한 작가들의 목판 삽화를 실어 성공했고, 1850년대부터는 오리엔트 쪽의 현장감 있는 정보에도 강점을 보였다.
20) 크리미아 전쟁은 터키령 예루살렘에 대한 권리를 둘러싸고 1853년부터 1856년까지 오스만 투르크, 영국, 프랑스, 프로이센, 사르데냐의 연합군이 러시아를 상대로 흑해와 크리미아 반도 일대에서 벌인 전쟁이며, 콩스탕탱 기스는 화가 리포터로 종군하여 생생한 기록화들을 송고했다.

항상 서명 없이 새로운 발레와 오페라를 보고 그린 그의 많은 작품들을 발표하였다. 그리고 마침내 그를 알게 되었을 때, 나는 내가 해야 할 일이 어떤 **예술가**와 연관이 있는 것이 아니라, 차라리 **세계인**(homme du monde)과 관계되어 있다는 사실을 단번에 알았다. 독자들은 여기서 **예술가**란 단어는 아주 제한적인 의미로, 그리고 **세계인**이란 단어는 아주 넓은 의미로 이해해 주길 바란다. 내가 세계인이란 표현에서 의미하는 바는, 다시 말해 세계 전체의 인간, 세계를 이해하고 세계 전체가 돌아가는 데 있어서 신비스러우면서도 정당한 이유들을 이해하는 인간이라는 의미이며, **예술가**는 전문가, 마치 농부가 자기 경작지에 매달리듯 자기 팔레트에만 매달리는 인간을 의미한다. G씨는 예술가라고 불리는 것을 좋아하지 않는다. 그가 어느 정도는 옳지 않을까? 그는 세계 전체에 관심을 갖고 있다. 그는 우리 지구상에서 일어나는 모든 것을 알고 이해하고 감상하고 싶어 한다. 예술가는 도덕적, 정치적 세계에 대해서는 거의, 아니 심지어 전혀 경험하지도 못한다. 브르다 지역에 사는 사람은 생제르맹 지구에서 일어나는 일에 대해서 아무것도 모른다. 여기서 밝힐 필요가 없는 두세 명의 예외를 제외한 대부분의 예술가들은, 아주 숙련된 무식꾼, 단순 일꾼들, 시골 수재,

머리 나쁜 사람들이란 점을 인정해야 한다. 그들의 대화는 당연히 아주 작은 집단에 제한되어, 세계인, 세계의 정신적인 시민에게는 곧 참을 수 없게 된다.

그래서 G씨를 이해하기 위한 첫 단계로, 여러분은 **호기심**이 그의 재능의 주요 원인이라는 점을 기억하기 바란다.

여러분은 이 시대의 가장 강력한 펜에 의해 그려진 「군중 속의 남자」[21]란 제목을 가진 그림—사실 이 작품은 그림이다!—을 기억하는가? 카페의 유리창 뒤에 앉아 있는 어떤 회복기의 환자가, 군중들에게 미소 지으며, 그들을 주시하며 머릿속으로는 자신의 주위에서 움직이는 다른 모든 사람들의 생각들과 뒤섞인다. 그는 최근에 죽음의 어두운 세계로부터 살아 돌아왔기 때문에, 삶의 모든 향기와 본질들을 열광적으로 숨 쉰다. 그는 모든 것을 망각할 지점까지 가 보았기 때문에, 모든 것을 기억하고 열정적으로 기억하고 싶어 한다. 그리고는 마침내, 그는 언뜻 보인 모습만으로도 순식간에 그를 매혹시킨 미지의 한 인물을 찾아서 군중들 속으로 뛰어든다. 호기심은 숙명적이고 저항할 수 없는 정열로 바뀐 것이다!

---

21) 미국 소설가 에드가 앨런 포(Edgar Allan Poe, 1809~1849)의 단편. 보들레르가 프랑스어로 번역하여 1857년 파리에서 출간하였다.

정신적으로 항상 회복기의 환자의 상태에 있는 한 예술가를 상상해 보기를 바란다. 그것이야말로 G씨의 성격을 이해하는 핵심이다.

이제 회복기란 마치 어린 시절로의 회귀와도 같다. 회복기의 환자는 아이처럼, 겉으로 보기에는 아주 사소해 보이는 사물들에도, 날카로운 흥미를 느끼는 능력의 최고의 상태에 사로잡혀 있다. 만약 가능하다면, 과거를 거슬러 올라가는 상상력의 힘에 의해 우리의 가장 젊은 시절, 가장 어린 시절의 인상들로 거슬러 올라가 보자. 그러면 우리는 그 인상들이 우리가 육체적인 병을 앓고 난 뒤에 얻게 되는, 매우 생생하게 채색된 인상과 기이한 유사 관계를 갖고 있다는 사실도 깨닫게 될 것이다. 만약 이 병이 우리의 정신적인 기능을 손상시키지 않고 그대로 남겨 두었다면 말이다. 아이는 모든 것을 **새롭**게 본다. 그는 언제나 **도취**해 있다. 우리가 영감(靈感)이라고 부르는 것은 다른 어느 것보다도 아이가 형태와 색채를 흡수하는 기쁨과 가장 닮아 있다. 나는 감히 내 의견을 조금 더 밀고 나아가, 영감이란 **경련**과 어떤 관계가 있고, 모든 숭고한 사고는 뇌 속까지 울려 퍼지는 신경의 어느 정도 강한 충격을 동반한다고 단언한다. 천재성을 지닌 사람은 건강한 신경을 갖고 있지만,

아이의 신경은 약한 법이다. 전자에 있어서는 이성이 상당한 자리를 차지하지만, 후자에 있어서는 감성이 모든 존재를 차지한다. 천재란 의식적으로 **되찾은 유년 시절**, 즉 자신을 표현해 낼 수 있을 만큼 성인의 기관과 더불어, 무의식적으로 축적된 재료들을 질서 지울 수 있는 분석적 정신을 갖춘 유년 시절이다. 우리는 얼굴이나 풍경, 빛, 금빛 장식, 색채, 반짝거리는 천, 화장술로 치장한 아름다움의 마술같이 그것이 무엇이든 간에, **새로운 것 앞에 직면한** 아이들의 고정되고 동물같이 황홀경에 빠진 시선을, 바로 이 즐겁고 깊이 있는 호기심에 의해 설명할 수 있다. 어느 날 내 친구 중의 한 명이 이야기하기를, 자기가 아주 어렸을 때 아침마다 아버지가 옷을 입는 모습을 바라보고 있는데, 그때 그는 기쁨과 놀라움이 뒤섞인 채, 팔의 근육들과 분홍색과 노란색의 피부가 보여 주는 다양한 색조, 그리고 힘줄의 푸른 선들을 연구했다고 한다. 그때 이미 그의 내부로 외부 삶의 풍경이 경이롭게 침투하고, 그의 뇌수를 사로잡은 것이다. 그는 이미 형태에 홀리고 사로잡혀 있었던 것이다. 숙명이 이미 그 모습을 드러내고, **영벌**(damnation)이 결정된 것이다. 이 어린아이가 지금은 유명한 화가가 되었다는 이야기를 할 필요가 있을까?

조금 전에 나는 G씨를 영원한 회복기의 환자로 생각하라고 여러분에게 이야기했다. 여러분의 개념을 좀 더 보충해 주기 위해서, G씨를 어른아이(homme-enfant), 매순간마다 어린 시절의 천재, 다시 말해 인생의 어떤 면도 **무디어지지 않은** 채로 받아들이는 천재를 매순간 갖고 있는 어른으로 생각하라.

나는 여러분에게 그를 순수 예술가로 부르기를 원하지 않고, 그 역시 사실 스스로 귀족주의적 절제가 섞인 겸손함으로 이 명칭을 거절했다고 말했다. 나는 기꺼이 그를 **댄디**(dandy)라고 부를 것이고, 그렇게 부르는 데는 그만큼 타당한 이유가 있다. 왜냐하면 **댄디**라는 말은 인간 성격의 본질과 세계의 모든 정신 구조에 대한 섬세한 이해력을 포함하고 있기 때문이다. 하지만 댄디 본질의 또 다른 측면에서 보면, 댄디는 무관심을 동경한다. 바로 그런 점에서 보고 느끼는 이 만족할 수 없는 정열에 지배되는 G씨는 댄디즘과 분명하게 구분된다. 성 아우구스티누스는 "나는 **연애를 사랑했었다**(amabam amare)"[22]라고 말하곤 하였다. G씨는 기꺼이 "나는 정열적으로 정열을 사랑한다(J'aime passionnément

---

22) 아우구스티누스, 『고백록』, 제3권 제1장에서.

la passion)"라고 응답할 것이다. 댄디는 모든 일에 흥미가 없고, 또는 정치적인 이유나 귀족적인 이유로 흥미가 없는 척한다. G씨는 흥미 잃은 사람들을 혐오한다. 그는 **냉소적이지 않으면서도 진실할 수 있는**, 그 어려운—섬세한 정신의 소유자들은 무슨 뜻인지 이해할 것이다—예술의 대가이다. 만일 조형 예술의 상태로 집약된, 보이고 만져지는 사물들에 대한 그의 과도한 사랑이, 형이상학자의 보이지 않는 왕국을 이루는 사물들에 대하여 어떤 혐오감을 불러일으키지 않는다면, 나는 기꺼이 그에게 철학자란 명칭—그는 철학자란 명칭 이상의 자격이 있다—을 부여할 것이다. 그러니 우리는 그를 라브뤼예르[23]같이 회화적인 순수 모럴리스트로 생각하는 데 만족하기로 하자.

새가 공중에서 날아 다니고, 물고기가 물속에서 노는 것처럼 그의 활동 영역은 군중이다. 그의 정열, 그리고 그의 직업은 **군중과 결혼하는** 것이다. 완벽한 산보자, 정열적인 관찰자에게 있어서, 숫자와 물결침, 움직임 그리고 사라짐과 무한 속에 자신이 거주할 집을 결정하는 것은 커다란 기쁨이다. 자신의 집 밖에 있으면서 어디서든지 자신의 집처

---

[23] Jean de La Bruyère, 1645~1696, 프랑스의 모럴리스트 작가.

럼 느끼는 것, 세계를 바라보고 세계의 중심에 있으면서도 세계로부터 숨어 있는 것, 이런 것들이 언어가 어색하게밖에는 정의할 수 없는, 독립적이고 정열적이며 공정한 정신의 소유자들이 느끼는 최소한의 몇 가지 쾌락들이다. 관찰자는 도처에서 자신의 익명을 즐기는 **왕자**이다. 삶을 사랑하는 사람은 세계를 자신의 가족으로 여긴다. 마치 여자를 사랑하는 사람이 자신이 발견했던, 또 발견할 수 있고 발견될 수 없기도 한 미녀들을 자신의 가족으로 만드는 것처럼, 그림 애호가가 화폭 위에 그려진 꿈의 매혹적인 사회 속에서 사는 것처럼 말이다. 그래서 보편적인 삶을 사랑하는 사람은, 마치 거대한 전기 에너지의 저장소로 들어가듯이 군중 속으로 들어간다. 또 우리는 그 사람을 군중만큼이나 거대한 거울로 비유하거나, 또는 움직일 때마다 매순간 다양한 삶과 삶의 모든 요소들이 반짝이는 우아함을 재현하는 의식(意識)을 가진 만화경에 비유할 수도 있다. 그는 나 아닌 **사람**에 만족하지 못하는 나이며, 매순간마다 이 자신을 불안정하고 사라져 버리는 삶 그 자체보다 더욱 살아 있는 이미지들로 표현한다. G씨는 그와의 대화 중 한번은, 강렬한 눈빛과 항상 무엇을 환기하는 몸짓으로, "너무나 실증적인 기질 때문에 모든 능력을 한 곳에 열중할 수 없었다는 회한에 사로잡혀 본 적이 없고, 또 다중의 한가운데서 **권태를 느끼는 인간은 바보다! 바보! 나는 그런 인간을 경멸한다**"라고 말하기도 했다.

  G씨는 아침에 일어나 눈을 뜨고, 창문의 유리창을 공격하는 따가운 아침 햇살을 보고는 회한과 후회가 섞인 목소리로 말한다. "얼마나 긴급한 명령이었는데! 얼마나 강렬한 빛의 나팔 소리였는데! 이미 몇 시간 전부터 도처에 빛이 넘쳤었는데! 잠 때문에 놓쳐 버린 빛이여! 얼마나 많은 빛나는 사물들을 볼 수 있었는데, 나는 그것들을 보지 못했을까!" 그리고 밖으로 나가 삶이라는 강이 장엄하고 화려하게 흐르는 것을 바라본다! 그는 영원한 아름다움과 대도시 속의 놀라운 삶의 조화, 혼란스러운 인간의 자유 속에서도 하늘의 섭리로 유지되는 조화에 놀라서 감탄한다. 그리고 거대한 도시의 풍경, 안개가 쓰다듬고 햇살이 따갑게 후려치는 돌들의 풍경을 관망한다. 아름다운 마차들, 자랑스럽게 서 있는 말들, 마부의 빛나는 청결함, 하인들의 익숙한 손놀림, 굽이치듯 움직이는 여인들의 발걸음, 잘 차려 입고 유복하게 사는 행복한 아름다운 어린이들, 한마디로 말해 보편적인 삶을 즐긴다. 만약 유행이나 옷의 일부분이 조금 변화되었다면, 리본의 나비 매듭 대신에 꽃 모양의 모자 장식

을 했다면, 모자가 넓어졌다면, 쪽찐 머리가 목덜미 쪽으로 내려와 있다면, 허리띠가 올라가고 치마가 부풀려져 있다면, 아무리 먼 거리에서도 그의 **독수리 눈**은 이미 그 사실을 간파하였을 것이라고 생각하라. 어떤 연대(聯隊)가 지나가면서, 아마도 세상의 끝으로 가면서 큰길 한가운데 공중으로 희망같이 활기차고 가벼운 트럼펫 취주를 띄우고 있었다면, 그때 G씨의 눈은 이미 이 부대의 무기들, 태도 그리고 모습을 이미 보고 관찰하고 분석하였을 것이다. 마구(馬具), 번쩍거림, 음악, 단호한 눈길, 그리고 무겁고도 신중한 콧수염 등 이 모든 것들을 내부로 흡수한다. 그리고 몇 분 뒤에, 그 결과로 한 편의 시가 잠재적으로 창작될 것이다. 이처럼 그의 영혼은 복종 속에서 기쁨을 느끼는 자랑스러운 이미지, 한 마리의 동물처럼 걷고 있는 이 연대의 영혼과 함께 사는 것이다!

그러나 황혼이 다가온다. 이때는 하늘의 장막이 닫히고 도시들이 불을 켜는, 이상하게도 고통스러운 시각이다. 가스등의 불빛은 지는 노을의 자줏빛에 자국을 남긴다. 정직하건 정직하지 않건, 이성적이건 미쳤건 간에 모든 사람들은 스스로 중얼거린다. "마침내 하루가 끝났구나!" 선량한 사람이건 불량한 사람이건 모든 사람들의 생각은 쾌락으로 향해 가고, 모두 망각의 잔을 마시기 위해 자기가 선택한 장소로 서둘러 달려간다. G씨는 빛이 반짝이고, 시가 울리고, 삶이 넘치고, 음악이 떨리는 곳이면 어디든지, 정열이 그의 눈을 위해 **포즈를 취하는** 곳이면 어디든지, 자연인과 계약인이 이상한 아름다움으로 자신들을 드러내는 곳이면 어디든지, 태양이 **타락한 동물**[24]의 순간적인 기쁨을 빛내 주는 곳은 어느 곳이든지 마지막까지 남아 있을 것이다! 우리 모두가 잘 알고 있는 어떤 독자는 "자, 분명히 잘 보낸 하루야. 우리 모두 그렇게 하루를 보낼 수 있는 충분한 재능이 있지"라고 중얼거린다. 아니다. 보는 능력을 가진 사람은 그리 많지 않다. 게다가 표현하는 능력까지 갖춘 사람은 더욱 적다. 이제 다른 사람들이 자고 있는 시각에, G씨는 자기의 테이블 위에 고개를 숙이고, 조금 전 낮에 보았던 사물들을 바라보았던 바로 그 시선으로 종이를 노려보며, 연필, 펜 그리고 붓을 갖고 검술을 하면서, 컵의 물을 천장까지 튀기기도 하고, 또 펜을 자기 윗옷에 닦기도 한다. 마치 이미지들이 도망칠까 두려워 하는 것처럼, 혼자이면서도 토론하듯 중얼거리며, 서두르면서 격렬하게 활동적으로 작

---

[24] 장자크 루소는 『인간 불평등 기원론』에서 "생각할 줄 아는 인간은 타락한 동물이다"라고 주장하였다.

업을 한다. 그러면 사물들이 종이 위에 자연스러우면서 자연스러운 것 이상으로, 아름다우면서도 아름다운 것 이상으로 마치 저자의 영혼 같은 열광적인 삶을 부여받고, 특이하게 다시 태어난다. 요술 환등이 자연으로부터 추출된 것이다. 기억을 가득 채웠던 모든 재료들은 분류되고 정돈되고 조화를 이루며, 그리고 이 재료들은 아이의 지각, 다시 말해 순수하기 때문에 마술같이 날카로운 지각의 결과인 이 강요된 이상화를 경험하게 되는 것이다.

IV
현대성

  이처럼 그는 걷고 달리며 찾는다. 그는 무엇을 찾을까? 내가 지금까지 묘사한 이 사람, 활발한 상상력을 갖고 늘 거대한 인간들의 사막을 횡단하며 여행하는 이 고독한 사람은, 순수한 산보자의 목적보다 더 높은 목적, 상황의 덧없는 즐거움과는 다른 보다 보편적인 목적을 갖고 있는 것이 확실하다. 여러분이 만약 허락한다면, 그는 내가 **현대성**(modernité)이라고 부르는 그 어떤 것을 찾고 있다. 왜냐하면 내가 생각하고 있는 것을 표현하는 데 이보다 더 적절한 말이 없기 때문이다. 그에게 있어서 현대성이란, 유행으로부터 역사적인 것 안에서 유행이 포함할 수 있는 시적인 것을 꺼내는 일, 일시적인 것으로부터 영원한 것을 끌어내는 일이다. 현대 회화들의 전시회에 잠깐 눈을 돌려 본다면, 우리는 일반적으로 모든 사람들에게 고대의 의상을 입혀 놓은 화가들의 취향에 충격을 받는다. 거의 모든 화가들이 다비드[25]가 로마 시대의 복장과 가구를 사용했듯이, 르네상스 시대의 복장과 가구를 사용하고 있다. 하지만 다비드는 그리스와 로마 시대의 주제들을 선택했기 때문에 그들에게 고대 의상을 입히는 것밖에 달리 할 수가 없었지만, 오늘날의 화가들은 모든 시대에 적용되는 일반적인 주제들을 선택하면서도 고집스럽게 그들에게 중세나 르네상스나 또는 오리엔트의 옷을 입힌다는 차이점이 있다. 이런 현상은 분명히 게으름의 증거이다. 왜냐하면 한 시대의 의복 안에서 모든 것이 절대적으로 추하다고 선언하는 것은, 설사 아무리 사소하고 작은 것이라고 할지라도, 의복에 담겨 있는 신비로운 아름다움을 이끌어 내는 데 몰두하는 것보다 훨씬 더 편하기 때문이다. 현대성이란 일시적인 것, 순간적인 것, 우연한 것으로 예술의 반을 이루고, 나머지 반은 영원한 것, 불변의 것이다. 고대의 화가들에게도 각각 저마다의 현대성이 있었다. 이전 세대로부터 우리에게 남겨진 대부분의

---

[25] Jacques Louis David, 1748~1825, 프랑스 화가.

아름다운 초상화들은 그 시대의 의상들을 입고 있다. 그 초상화들은 완벽하게 조화로운데, 왜냐하면 의상, 머리 모양과 심지어 몸짓, 시선, 미소—각 시대에는 그 시대의 풍모와 시선과 미소가 있다—가 완벽하게 생동감이 넘치는 하나의 일체를 이루고 있기 때문이다. 너무나 자주 변화하는 일시적이고 순간적인 이 요소를 경시하거나 간과해서는 안 된다. 이 요소를 없애 버린다면, 여러분은 원죄 이전의 최초의 여성 이브의 아름다움처럼, 추상적이며 정의할 수 없는 아름다움이라는 심연 속으로 떨어지게 될 것이다. 만일 여러분이 한 시대가 필요로 하는 의상을 다른 의상으로 대체한다면, 그것은 유행이 요구하는 가장무도회의 경우를 제외하고는 변명할 수 없는 실수를 한 것이다. 그래서 18세기의 여신들, 물의 요정들, 그리고 술탄의 왕비들은 **정신적으로 닮아 있는** 초상화들이다.

그림을 배우기 위해서는 고대 거장들을 연구하는 것이 분명히 훌륭한 일이지만, 만일 당신의 목적이 현재의 아름다움의 성격을 이해하는 것이라면, 그것은 부질없는 연습에 불과하다. 루벤스[26]나 베로네제[27]가 그린 주름 잡힌 옷감들

---

26) Peter Paul Rubens, 1577~1640, 플랑드르 화가.
27) Paolo Veronese, 1528~1588, 이탈리아 화가.

은, 고대의 물결무늬 천, **여왕풍의 사틴 천**, 혹은 크리놀린 드레스[28]나 풀 먹인 모슬린 치마 위로 솟아오르고 균형이 잡혀 있는 현대 공장에서 만든 다른 천들을 그리는 법을 가르쳐 주지 않을 것이다. 옷감과 결에 있어서 고대 베네치아의 천들과 카트린 왕비[29]의 궁전에서 입었던 천들과는 큰 차이가 있다. 여기에 치마와 블라우스의 재단법이 서로 다르고, 옷의 주름들이 새로운 방식으로 배열되며, 현대 여성들의 몸짓과 태도는 자신의 의상에 고대 여성의 생명력과 특징과는 다른 생명력과 특징을 부여한다는 사실도 덧붙여 이야기해 두자. 한마디로 말해서, 모든 **현대성**이 고전성을 획득할 수 있으려면, 인간의 생활이 무의식적으로 거기에 불어넣는 신비로운 미가 추출되어야만 한다. G씨가 특히 전념하고자 한 것은 바로 이런 작업이다.

나는 각 시대가 저마다 자신의 풍모와 시선 그리고 몸짓을 가지고 있다고 말했다. 이 주장을 가장 쉽게 검증하는

---

28) 19세기 중엽 유행한, 크리놀린 버팀대를 사용해 허리가 잘록하게 꼭 끼고 스커트 단이 넓게 퍼진 드레스. 나폴레옹 3세의 제2제정 시대 부흥한 복고풍과 럭셔리 취향 속에서 널리 유행했다.

29) Catherine de Médicis, 1519~1589. 피렌체의 메디치 가문 출신으로 프랑스 앙리 2세의 왕비가 되었고, 장남인 프랑수아 2세가 즉위하자 1560년부터 1563년까지 섭정을 펼쳤다.

방법은, 예를 들면 베르사유 궁의 전시실처럼 거대한 초상화 전시실을 살펴보면 된다. 그러나 이 주장은 훨씬 더 넓게 적용될 수 있다. 우리가 국가라고 부르는 통일체 안에서도 다양한 직업들, 계층들 그리고 지나가는 시대들은 몸짓과 예절에서뿐만 아니라 얼굴의 실제적인 형태에도 변화를 가져오는 법이다. 어떤 형태의 코나 입 그리고 이마는, 내가 지금 여기서 정확하게 지적할 수 없지만, 분명히 계산될 수 있는 기간 동안 지배적으로 나타나는 법이다. 이런 생각이 우리의 초상화가들에게는 그리 익숙하지가 않다. 그래서 특히 앵그르 씨[30]의 가장 큰 결점은, 그의 눈앞에서 포즈를 취하는 각 유형의 완벽함, 내가 의미하는 바는 고전적 관념들의 창고에서 빌려 온 어느 정도 독재적인 형태의 완벽함을 부여하고자 했다는 것이다.

이런 종류의 문제는 **선험적으로**(a priori) 추론하는 것이 쉽고, 그리고 사실 합당할 것이다. 우리가 **영혼**이라고 부르는 것과 **육체**라고 부르는 것 사이의 영원한 상관관계는, 어떻게 물질적인 모든 것, 다른 말로 하면 정신적인 것의 발산물이 자신이 유래한 정신적인 것을 잘 반영하고 반영할

---

30) Jean Auguste Dominique Ingres, 1780~1867, 프랑스 화가.

지를 매우 잘 설명해 준다. 인내심도 있고 섬세하지만 상상력은 보잘것없는 어떤 화가가 현재 시대의 고급 매춘부를 그려야 하는데, 티치아노나 라파엘로로부터 **영감을 받는다면**—흔히 쓰이는 의미로—그 그림은 분명히 거짓되고 애매하고 난해한 그림이 될 것이다. 그 시대와 그 장르의 걸작에 대하여 연구를 하여도, 그는 유행에 관한 사전이 **음란한 여인, 첩, 고급 창녀, 화류계 여인들**이라는 조잡하거나 익살맞은 제목으로 연속해서 분류해 놓은 여자들의 태도, 시선, 얼굴 찡그리는 모습, 그리고 생기 있는 모습 중 어느 것도 배우지 못할 것이다.

이 같은 비평이 군인, 댄디, 심지어는 개나 말 같은 동물까지, 한 시대의 외부 생활을 구성하는 모든 것의 연구에 엄격하게 적용될 수 있다. 고대에서 순수 예술, 논리학, 일반적 방법론 이외의 것을 연구하는 사람에게 불행이 있으라! 거기에 너무 몰두한 나머지, 그는 현재에 대한 기억을 잃어버리게 되고, 그리고 상황이 제공하는 가치나 특권을 포기하게 된다. 왜냐하면 우리의 거의 모든 독창성은 **시간이 우리의 감각에 찍어 놓은 낙인**에서 비롯되기 때문이다. 여러분에게 내가 여성이 아닌 다른 많은 사물들에 적용하여, 나의 주장을 쉽게 증명할 수 있다는 사실은 이야기할 필요가 없을 것이다. 예를 들어 현대의 배[船]의 절제되고 우아한 **아름다움**을 재현해야 하는데, 지나치게 꾸미고 꼬인 형태들, 고대의 배의 기념비적인 선미(船尾)와 16세기의 복잡한 돛을 눈이 피로해질 정도로 연구하는 해양화가—나는 극단으로 나의 가정을 밀고 나간다—를, 여러분은 어떻게 생각할 것인가? 그리고 당신이 어떤 화가에게 경마장의 축제에서 명성이 높은 순종 말을 그려 달라고 부탁할 때, 만약 화가가 미술관을 관람하러 가거나, 또는 옛 그림을 모아 둔 화랑이나 반 다이크,[31] 부르기뇽[32] 또는 판데르묄런[33]의 그림에 나타나는 말을 관찰하는 데 만족한다면, 당신은 그를 어떻게 생각할 것인가?

자연에 의해 인도되고, 환경에 의해 지배를 받은 G씨는 완전히 다른 길을 택하였다. 그는 먼저 삶을 관조하기 시작했고, 나중에야 삶을 표현하는 모든 방법들을 배우는 데 힘썼다. 그 결과로 놀라운 독창성이 생기는데, 그 안에서 야만적이고 유치해 보이는 자취들이 남아 있고, 그 자취들은

---

31) Anthonis Van Dyck, 1599~1641, 플랑드르 화가.
32) Bourguignon은 부르고뉴 출신이라는 뜻. 여기서는 프랑스 화가 자크 쿠르투아(Jacques Courtois, 1621~1675)를 가리킴.
33) Adam Frans van der Meulen, 1632~1690, 플랑드르 출신으로 프랑스에서 활동한 화가.

인상에의 복종이라는 새로운 증거 또는 진리에 복종하는 아첨처럼 나타난다. 우리 중 대부분에게, 그리고 특히 사업가처럼 자연이 자신들의 일에 유용하지 않다면 그들 눈에는 자연이 존재하지 않는 사람들에게 있어서, 삶이라는 환상적인 현실은 특이하게도 무뎌져 있다. G씨는 그것을 끊임없이 흡수한다. 그의 눈과 기억은 그것으로 가득 차 있다.

V
기억의 예술

 나의 펜 아래 너무 자주 등장하는 이 야만(barbarie)이란 단어 때문에, 어떤 사람들은 지금 다루는 주제가 관람객의 상상력만이 완벽한 모습으로 변화시킬 수 있는 어떤 불완전한 데생들이라고 생각할지도 모른다. 그렇다면 그것은 나를 잘못 이해한 것이다. 내가 의미하는 바는, 완벽한 예술들—멕시코나 이집트 혹은 니네베[34]의 예술—에서도 드러나기도 하고, 또 사물들을 크게 보고 그 전체적인 효과 속에서 그것들을 살펴보려는 욕망에서 기인하는, 필수 불가결하고 종합적이며 어린애 같은 야만성을 말하고 싶은 것이

---
34) 고대 아시리아 왕국의 수도.

다. 여기에서 여러분에게 많은 사람들이 종합적이고 생략하는 시선을 가진 모든 화가들을 야만적이라고 주장한다는 점, 예를 들면 주요 관심사가 풍경의 중요한 선들, 말하자면 그 뼈대, 그리고 그 윤곽을 따라가는 데 열중하는 코로[35] 같은 화가도 야만적이라고 비난 받는다는 사실을 상기시키는 것도 필요하겠다. 마찬가지로 G씨는 충실하게 자기 고유의 인상을 번역하고, 대상의 가장 빛나는 부분이나 빛나는 부분들―이 부분들은 연극적인 관점에서 보면 절정이나 강조점이 될 수 있다―을 본능적인 에너지로 강조하고, 또는 가끔은 그 중요한 특성들을 사람들이 기억하기 쉽게 어느 정도 과장되게 표현한다. 그러면 관람객의 상상력은 이 강력한 기억술의 영향을 받으면서, G씨의 정신 속에 외부의 사물들이 남겨 놓은 인상의 선명한 이미지를 받아들이게 된다. 관람객은 이때 항상 명확하면서도 열광적인 번역의 번역자가 된다.

이러한 외부 생활의 **전설적인 번역**이라는 생명력 있는 힘에 많은 것을 덧붙여 주는 조건이 하나 있다. 나는 바로 G씨의 데생하는 방법에 대해서 언급하려 한다. 즉시 서둘러

---

[35] Jean-Baptiste-Camille Corot, 1796~1875, 프랑스 화가.

서 메모를 해 놓고, 그리고 한 주제의 중요한 선들을 그려 놓아야 하는 위급한 경우—예를 들어 크리미아 전쟁이 그 경우인데—를 제외하고는, 그는 기억에 의해 데생을 하지 모델을 보고 데생을 하지 않는다. 사실 진정으로 뛰어난 모든 소묘화가들은 자신의 뇌에 새겨진 이미지에 따라 데생을 하지 자연을 보고 데생을 하지 않는다. 만일 라파엘로나 와토,[36] 혹은 많은 다른 사람들도 뛰어난 스케치들이 있다고 반대 의견을 낸다면, 나는 그 스케치들은 초고들, 아주 섬세하긴 하지만 정말로 단순한 초고들이라고 대답할 것이다. 진정한 예술가가 자기 작품의 결정적인 완성 단계에 다다르게 되면, 그때 모델은 그에게 도움이 되기보다는 차라리 **방해물**이 된다. 오래전부터 기억을 사용하여 왔고, 기억 속에 이미지를 채우는 데 익숙해져 있는 도미에나 G씨와 같은 예술가들도, 모델의 육체적인 존재와 그 모델이 포함하고 있는 수많은 세부적인 내용들이 자신들의 중요한 능력을 방해하고 마비시킨다고 생각하는 경우가 생기기조차 한다.

이런 식으로, 모든 것을 다 보고 어느 하나도 잊지 않으려는 의지와 일반적인 색채와 실루엣, 윤곽의 아라베스크 선

---

[36] Jean Antoine Watteau, 1684~1721, 프랑스 화가.

을 활기차게 흡수하려는 습관을 가진 기억력 사이에 결투가 시작된다. 형태에 대한 완벽한 감각을 가지고 있지만 자신의 기억과 상상력에 의존하는 데 익숙해진 예술가는, 그때 세부 묘사들의 폭동에 의해 공격을 받는데, 모든 세부 묘사는 절대적인 평등을 사랑하는 민중들의 광기로 정의를 요구하는 것이다. 모든 정의는 유린 당하고, 모든 조화는 파괴되고 희생된다. 많은 사소한 것들이 큰 비중으로 커지고, 많은 하찮은 것들이 관심을 빼앗아 간다. 예술가가 공평하게 세부 묘사에 신경을 쓰면 쓸수록, 무질서의 상태는 점점 커져 간다. 그가 근시이든 원시이든 간에, 모든 위계질서와 종속관계는 사라진다. 이런 현상은 우리나라에서 가장 유행하고 있는 화가들 중 한 사람[37]의 작품 속에서 자주 나타나는데, 이 화가의 잘못은 군중의 잘못과 너무 잘 부합하기 때문에, 특이하게도 군중이 그의 인기를 도와주고 있다. 비슷한 유사관계가 오늘날에는 데카당스의 혼란 속에 파묻혀 버린, 그렇게 신비하고 깊이 있는 예술인 연기자의 예술에

---

[37] 메소니에(Jean Louis Ernest Meissonier, 1815~1891)를 염두에 둔 표현인 듯하다. 메소니에는 17세기 플랑드르 화풍을 모방한 세밀한 묘사로 큰 인기를 끌었는데, 보들레르는 다른 미술 살롱평에서 여러 번에 걸쳐 그를 비판한다.

서도 관찰될 수 있다. 프레데리크 르메트르 씨[38]는 자신의 배역을 천재의 풍부함과 폭넓음으로 구성한다. 그의 빛나는 세부 연기가 아무리 빛나더라도, 그는 항상 종합적이고 조각처럼 남아 있다. 반면에 부페 씨[39]는 근시나 관공서 직원의 세세한 정확성으로 자신의 역할을 창조한다. 그에게 있어서 모든 것이 빛나지만, 어느 것도 진정으로 보이지 않고 어느 것도 기억에 남지 않는다.

이처럼 G씨의 작품 제작에서는 두 가지 사실이 드러난다. 우선 과거를 부활시키고 환기하려는 기억, 모든 사물들에게 "라자로여, 일어나라"[40]라고 외치는 기억의 강렬한 노력이 첫 번째이고, 둘째로는 하나의 불꽃, 거의 광기와 유사한 연필과 붓의 취기가 그 두 번째이다. 그것은 충분히 빨리 갈 수 없다는 두려움, 종합이 추출되고 설명되기 전에 유령이 도망칠지도 모른다는 두려움 때문이다. 이 끔찍한 두려움에 모든 위대한 예술가들은 사로잡히고, 그래서 그들은 모든 표현 수단을 사용하기를 열렬히 원하는 것이다. 그래야 머릿속의 질서가 손의 서투름 때문에 방해 받지 않

---

38) Frédérick Lemaître, 1800~1876, 프랑스 배우, 통속극인 불바르극의 대가.
39) Hugues Bouffé, 1800~1888, 프랑스 배우.
40) 라자로(나사로, Lazarus)는 예수가 무덤에서 살려 낸 사람(요한복음 11:43). 이 문장이 가톨릭 성서에는 "라자로야, 나오너라"라고 국역되어 있다.

고, 결국 작품 제작, 이상적인 작품의 제작은 마치 저녁 식사를 마친 건강한 사람의 뇌가 그런 것처럼, 무의식적이고 자연스럽게 이루어지기 때문이다. G씨는 우선 대상들이 공간에서 차지하는 위치들을 연필로 가볍게 표시하면서 작업을 시작한다. 중요한 계획들은 곧 담채화 기법으로 채색하면서 표시해 나가고, 큰 부분 부분을 희미하면서도 가볍게 채색한 뒤에, 나중에 점차로 점점 강렬한 색채를 사용한다. 마지막 순간에는 결정적으로 대상들의 윤곽을 잉크로 그린다. 그의 작품을 보지 않았다면, 이 단순하면서도 기본적인 방법으로 얻어 낸 놀라운 효과를 상상하는 것은 불가능하다. 이 방법의 비교할 수 없는 장점은 그림의 진척 과정 중 어느 순간에도 각각의 데생이 충분히 완성되어 보인다는 데 있다. 여러분이 원한다면 이 그림을 습작이라고 부를 수 있지만, 이 그림은 완벽한 습작이라는 사실을 인정해야 한다. 모든 색의 가치들은 조화롭게 균형을 이루고 있고, 예술가가 이 색의 가치들을 조금 더 진척시키려고 한다면, 그 가치들은 원하는 정도의 완벽함을 향해 나아갈 것이다. 그래서 그는 자기 스스로 조바심 내면서도 재미와 기쁨을 같이 느끼며 이십여 작품을 동시에 작업한다. 스케치들은 열 장에서 백 장, 그리고 천 장까지 점점 겹쳐지고 쌓인다. 가끔씩 그는 이 그림들을 훑어보고, 한 장씩 뒤적여 살펴본 후에, 몇 장을 선택하여 조금 더 발전시키기도 하고, 음영을 더 짙게 칠하고 또 점차로 더 밝게 보이도록 할 것이다.

그는 후경(後景)에 상당한 중요성을 부여하는데, 가볍건 혹은 무성하건 간에 항상 등장인물들의 성격과 특성과 잘 조화를 이룬다. 색조의 변화와 일반적인 조화는 연습이 아니라 본능에서 나온 재능으로 엄격하게 지켜진다. 왜냐하면 G씨는 연습에 의해 발전시킬 수는 있지만 연습 그 자체로 만들어 내기는 불가능한, 진정한 천품(天稟)인 색채주의자의 신비스러운 능력을 태어날 때부터 소유하고 있기 때문이다. 이 모든 내용을 요약하자면, 이 특이한 예술가는 장엄하건 혹은 기괴하건, 살아 있는 사람들의 몸짓, 태도, 그리고 공간에서의 그들의 빛나는 폭발을 동시에 표현할 수 있다는 것이다.

VI
전쟁의 연대기

불가리아, 터키, 크리미아, 스페인은 G씨, 아니 차라리 우리가 G씨라고 부르기로 약속한 상상의 예술가—왜냐하면 그의 겸손함을 지켜 주기 위해, 나는 그가 존재하지 않는 것처럼 글을 쓰겠다고 약속한 일이 가끔 생각나기 때문에—의 눈에는 커다란 축제였다. 나는 오리엔트 지역에서 일어난 전쟁의 기록들—죽음의 잔해가 흩어져 있는 전쟁터, 수화물 수송대, 동물과 말들의 승선—을 살펴보았다. 그것은 삶 그 자체로부터 기록한 생생하면서도 놀라운 그림들이며, 많은 유명한 화가들이 같은 상황에 처해 있었다면 어리석게도 무시해 버렸을지도 모른다. 하지만 나는 그들 중 오라스 베르네[41]는 예외로 치겠는데, 그는 진정한 화가라기보다는 신문기자이기에, 여러분이 그보다 더 섬세한 예술가인 G씨를 단지 삶의 기록 보관자로 평가한다면, G씨도 그와 분명한 유사성이 있다. 나는 어떤 신문이나 이야기, 어떤 책들도 그 모든 고통스러운 세부 묘사와 폭넓은 음산함에 있어서, 이 크리미아 전쟁의 위대한 서사시보다 더 잘 묘사하지 못했다고 단언할 수 있다. 화가의 눈은 도나우 강 언덕에서 보스포루스 해안까지, 케르송 곶에서 발라클라바 평원까지, 인케르만 평지에서 영국과 프랑스, 터키, 그리고 피에몬테 병사들의 야영지까지, 콘스탄티노플의 길거리에서 병원의 병동과 모든 종교적 장중함과 군대의 의식에 이르기까지[42] 번갈아 가며 바라본다.

내 머릿속에 가장 생생하게 각인되어 있는 작품들 중의 하나는 〈지브롤터 주교의 스쿠타리 장례 봉헌식〉[43]이다. 이곳에 참석한 사람들의 서양식 군복과 태도, 그들을 감싸고 있는 오리엔트의 자연과 대조가 돋보이는 정경의 그림 같은 성

---

41) Horace Vernet, 1789~1863, 프랑스 화가. 군사 기록화에 능함. 보들레르는 「1846년 살롱평」의 한 장 전체를 그에게 할애하여 그를 맹렬하게 비판한 바 있다.
42) 크리미아 전쟁이 벌어진 흑해 일원의 지명들. 콘스탄티노플은 지금의 이스탄불.
43) 스쿠타리는 이스탄불(당시 콘스탄티노플) 교외의 지명.

격이, 암시와 몽상으로 가득 차서 인상적으로 표현되어 있다. 군인들과 장교들은, 희망봉의 식민지 주둔지와 인도의 영국군 병영만큼이나 먼 이 세상의 끝에서도 사라지지 않고 보이는, 대담하면서도 신중한 **젠틀맨**(gentlemen)의 자세를 취하고 있다. 영국 신부(神父)들은 모자를 쓰고 긴 겉옷을 걸친 집달관이나 주식 중개상을 희미하게 생각나게 한다.

이제 우리는 슘라에 있는 오메르 파샤[44]의 집에서, 터키식 환대와 담배 파이프, 커피를 즐기고 있다. 손님들은 입에 긴 담배 파이프를 물고서, 파이프의 대통은 발아래까지 내려온 채로 긴 의자 위에 정렬하여 앉아 있다. 그리고 여기 〈스쿠타리의 쿠르드족〉이 있는데, 그 이상한 모습은 야만적인 유목민들의 침공을 생각나게 한다. 헝가리나 폴란드의 유럽 장교들과 함께 있는 특이한 터키의 비정규군인들(bachi-bouzoucks)도 있는데, 장교들의 댄디 같은 풍모는 과장된 동양풍인 군인들의 모습과 기이한 대조를 이루고 있다.

나는 뚱뚱하고 강건하며 생각에 잠긴 듯하고, 근심이 없어 보이면서 동시에 대담한 모습으로 서 있는 한 인물을 그린 뛰어난 데생을 기억하고 있다. 긴 가죽 장화는 무릎 위까

---

44) 슘라는 터키의 군사 도시, 오메르 파샤(Omer Pasha, 1806~1871)는 크리미아 전쟁 당시 오스만 군대의 지휘관.

지 올라가 있고, 군인 복장은 엄격하게 단추를 채운 채 무겁고 큰 외투 안에 숨겨져 있는데, 그는 시가 연기를 통해 음울하고 안개 낀 수평선을 바라보고 있다. 부상 당한 팔 하나는 어깨에 걸쳐 맨 삼각건에 의지하고 있다. 그림 아래쪽에는 '인케르만 전투에서 캉로베르,[45] 현장 스케치(Canrobert on the battle field of Inkermann. Taken on the spot)'라고 연필로 휘갈겨 쓴 문장이 있다.

다리를 공중에 들어 올린 채, 얼굴은 일그러지고 이상한 자세로 쌓여 있는 시체들 사이로, 말이 땅 냄새를 맡으며 길을 찾고 있는 동안 너무나 생생하게 그려진 흰 콧수염의 얼굴, 머리는 꼿꼿하게 세우고 전쟁터의 끔찍한 시정(詩情)을 음미하는 듯한 태도를 취하고 있는 이 기병은 누구인가? 데생 아래쪽 한구석에 '인케르만에서 나(Myself at Inkermann)'란 제목이 눈에 보인다.

그리고 터키의 최고사령관과 함께 베식타슈에서 포병대를 사열하고 있는 바라귀에 딜리에씨[46]가 있다. 이보다 더

---

[45] François Marcelin Certain de Canrobert, 1809~1895, 크리미아 전쟁 당시 프랑스 군 부원수.
[46] Achille Baraguay d'Hilliers, 1795~1878, 프랑스 군인으로, 크리미아 전쟁 발발 이듬해인 1854년 프랑스 군의 총사령관이 됨. 베식타슈는 이스탄불 시내의 구역명.

대담하고 생기 있는 손으로 조각된 실물과 닮은 군인 초상화를 나는 거의 본 적이 없다.

시리아의 대재난[47] 이후에 불길하게 빛나는 한 이름이 내 눈에 보인다. 〈두 명의 유럽 장교를 자신의 숙소 앞에서 참모와 함께 환대하는 칼리프의 총사령관 아흐메트 파샤[48]〉. 터키 사람 고유의 뚱뚱한 배에도 불구하고, 아흐메트 파샤의 태도와 얼굴에는 일반적으로 지배 계급에 속하는 귀족적인 고귀한 자태를 풍기고 있다.

발라클라바의 전투는 이 특이한 소장품들 중 여러 번에 걸쳐서 다양한 모습으로 나타난다. 가장 눈에 두드러지는 작품 가운데, 우리는 계관 시인 앨프리드 테니슨이 영웅적인 트럼펫으로 노래 부른 역사적인 기병 공격[49]을 발견한다. 수많은 기병들이 포병의 무거운 포연을 헤치고 수평선으로 놀라운 속도로 질주하고, 그 배경의 풍경에는 녹색의 언덕을 표현하는 선들이 가로지르고 있다.

---

47) 1860년 시리아의 이슬람계 밀교도인 드루즈인들이 기독교의 분파인 마론 교도를 학살한 사건으로, 프랑스의 군사적 개입을 불러일으켰다.
48) Ahmed Muhtar Pacha, ?~1919, 터키 오스만 제국의 장군으로, 바로 앞서 언급한 시리아의 대재난에 개입한 장본인.
49) 발라클라바 전투는 크리미아 전쟁 중 영국과 러시아가 맞붙어 영국의 승리로 끝난 전투이다. 언급되는 테니슨(Alfred Tennyson, 1809~1892)의 시는 「경기병 여단의 돌격(Charge of the Light Brigade)」.

이따금 종교화를 보게 되면 화약과 학살의 혼돈으로 우울해진 눈의 피로가 풀린다. 예를 들면, 수많은 영국의 군인들 가운데서 치마를 입고 있는 스코틀랜드 군인들의 군복이 돋보이는 가운데, 한 성공회 신부가 일요 미사를 보고 있다. 단상은 세 개의 북을 피라미드 모양으로 쌓아서 만들었다.

사실 펜 하나를 가지고 수많은 스케치로 이루어진 이 거대하고 복잡한 이 한 편의 시를 자세히 번역하고, 이 수많은 세부 묘사에서 풍겨 나오는 종종 우울하기는 하지만 절대로 감상적이지 않은 취기를 표현한다는 것은 솔직히 거의 불가능하다. 이 세부 묘사들은 수백 장의 종이 위에 흩어져 있는데, 그 종이 위에 보이는 얼룩과 때들은 우리 예술가가 하루의 자신의 추억을 그리면서 느꼈던 혼돈과 혼란을 자기 방식대로 말해 주고 있다. 저녁이 되면 배달부가 G씨의 데생과 메모를 런던으로 실어 나르고, 가끔은 G씨가 런던에서 판화가와 신문의 정기 구독자들이 애타게 기다리는 투명한 종이 위에 즉석에서 그린 십여 장이 넘는 스케치들을 우체국에 맡겨 놓기도 했다.

가끔은 공기 그 자체가 병들고 슬프고 무거우며 침대마다 고통이 서려 있는 야전 병원이 나타나기도 한다. 또 어떤 때는 페라[50]의 병원이 나오는데, 거기에서는 르쉬외르[51]의 그림에 나오는 인물들처럼 키 크고 창백하며 몸이 곧바른 두 명의 자선 수녀와, 신경 쓰지 않은 옷을 입고 그 밑에 이 이상한 글귀 '비천한 나 자신(My humble self)'으로 그 정체를 알 수 있는 방문객이 이야기를 나누고 있다. 이제 우리는 이미 오래된 전투의 잔해가 널려 있고, 울퉁불퉁하고 굽이치는 오솔길 위로, 양 옆구리에 창백하고 생기 없는 부상병들을 실은 큰 안락의자를 맨 말이나 노새, 그리고 나귀들이 천천히 길을 가고 있는 모습을 보고 있다. 그리고 거대한 눈발 속에서 고개를 높이 쳐들고, 타타르족이 이끄는 낙타들이 장엄한 성문 앞에 서 있다. 낙타들은 온갖 종류의 식량과 무기를 운반하고 있다―이것은 바쁘게 말없이 살아 움직이는 전투의 세계이다. 이것은 야영지의 세계, 상황에 따라 즉석에서 만들어진 야만인의 도시처럼, 모든 보급품들의 견본들이 진열되어 있는 시장(bazaar)이다. 이 막사들, 돌이나 눈으로 뒤덮인 길, 이 골짜기들 사이로 전쟁에 의해 어느 정도 찢어지고, 커다란 외투의 무게와 무거운 구두로 변형된 수많은 국가들의 군복들이 움직이고 있다.

---

50) 역시 이스탄불 내 지명.
51) Eustache Le Sueur, 1616~1655, 프랑스 화가.

〈비천한 나 자신〉

이제는 수많은 장소에 흩어져 있고, 그중 소중한 그림들은 그것을 번역하려는 판화가들과 〈일러스트레이티드 런던 뉴스〉지의 편집장이 보관하고 있는 이 앨범을 황제[52]가 볼 수 없었다는 것은 유감스러운 일이다. 나는 황제가 이 군인 같은 예술가의 확고하고 재능 있는 손에 의해, 그날그날 가장 용감한 행동부터 일상의 가장 하찮은 일까지 자세하게 표현된, 자기 군인들의 몸짓과 사건들을 호의적으로 연민을 갖고 살펴보았을 것이라고 확신한다.

---

[52] 나폴레옹 3세, 재위 1852~1873.

VII
화려한 의식과 성대한 축제

 터키 역시 우리의 소중한 G씨에게 작품의 놀라운 소재를 제공하였다. 우선 바이람 축제[53]가 한 예인데, 중후하게 빛나는 영광의 깊은 곳에서부터 창백한 태양처럼 지금은 죽은 술탄의 영원한 권태가 나타나고 있다. 군주의 왼쪽에는 문관들이 정렬해 있고, 오른쪽에는 무관들, 특히 무관의 맨 앞에는 당시 콘스탄티노플에 있던 이집트의 술탄인 사이드 파샤[54]가 있으며, 장엄한 행렬들과 마차 행렬들이 왕궁 옆의 작은 회교 사원을 향해 질서 있게 움직이고, 그 군중들

---
53) 연례 금식 기간인 라마단 직후와 그로부터 70일 후, 연 두 차례 열리는 이슬람 축제.
54) Muhammad Said Pasha, 이집트 최후 왕조의 제4대 군주, 재위 1854~1863.

가운데에는 엄청난 비만증으로 멋진 말들을 짓누르고 있는 데카당스의 진정한 풍자화인 터키의 관료들이 있다. 또한 묵직하고 거대한 마차들은 루이 14세풍의 화려한 사륜마차를 연상시키지만 동양식으로 기발하게 금박과 장식을 하고 있고, 마차 안에서는 얼굴을 가리고 있는, 모슬린 띠의 간격 사이로 호기심 어리게 힐끗 쳐다보는 여성의 시선들이 보이는 그림들이 있다. 그리고 제3의 성(性)[55]—발자크의 장난스러운 이 표현이 지금 경우보다 더 잘 적용된 적은 없는데, 왜냐하면 이 떨리는 불빛의 흔들림 아래에서, 이 풍부한 의상들의 움직임 아래에서, 두 뺨과 눈, 속눈썹의 진한 화장 아래에서, 히스테릭하게 몸을 떠는 몸짓에서, 그리고 허리까지 내려와 물결치는 이 긴 머리카락에서 여러분이 숨겨진 남성성을 추측한다는 것은 불가능하다고는 말하지 못하지만, 아주 어려울 것이기 때문이다—의 무용수들이 광란의 춤을 추는 장면들이 있고, 그리고 마지막으로 헝가리, 루마니아, 유대, 폴란드, 그리스, 아르메니아 여자들로 이루어진 이른바 '고급 매춘부(femme galante)'—만일 오리엔트에 대해서도 서양식의 고급 매춘이라는 말을 할 수 있다

---

[55] 발자크가 『화류계 여인의 영화와 몰락(Splendeurs et misères des courtisanes)』(1838~1847)에서 동성애를 가리키는 데 쓴 표현.

〈콘스탄티노플 바이람 축제의 술탄의 행렬〉

면—의 그림들이 있다. 왜냐하면 전제 정부 아래에서는 이들이 억압 받는 종족들이고, 그중에서도 가장 고통 받는 이 여자들이 매음을 가장 많이 하기 때문이다. 이 여자들 중에서 몇은 자기 나라의 금속 장식을 한 전통 의상을 입고 있는데, 예를 들어 소매가 짧고 수를 놓은 상의, 어깨에 늘어진 스카프, 넓은 바지, 끝을 접어 올린 가죽 슬리퍼, 줄무늬가 있거나 금실로 짠 모슬린 천 등이다. 대다수를 차지하고 있는 다른 여자들은 문명의 중요한 표시—그것은 여자에게 있어서는 크리놀린 드레스를 의미하는데—를 하고 있지만, 드레스의 끝에는 오리엔트의 특징적인 가벼운 추억을 간직하고 있어서, 그녀들은 마치 가장무도회복을 시도해 보는 파리 여자들 같은 모습을 하고 있다.

G씨는 호사스러운 공식적인 무대와 화려한 의식, 그리고 국가의 축제를 그리는 데 뛰어나지만, 이런 작업에서 돈벌이가 되는 일거리만 찾는 화가들처럼 냉정하게 또 교훈적으로 그리지 않는다. 그는 퍼져 나가거나 폭발하기도 하고, 또 군복과 궁정 의상에 방울방울 맺혀 번쩍이거나 불꽃을 일으키는 빛과 공간과 원근법에 완전히 사로잡힌 사람의 열정을 갖고 그린다. 〈아테네 대성당에서의 독립기념일〉이라는 삽화는 이런 재능의 특이한 예를 보여 준다. 각각의 인물

〈양산을 든 터키 여인〉. 『보들레르 전집』과 서간집의 내용을 종합하면, 보들레르는 기스에게서 이 그림을 얻어 자신의 생모인 오피크 부인에게 보내 주었는데 오피크 부인은 그림 속 여인이 못생겼다(laide)고 평했다고 한다.

현대 생활의 화가 61

이 제자리에 잘 위치하고 있는 이 수많은 작은 등장인물들은, 그들을 감싸고 있는 공간을 더욱 깊이 있게 만들어 준다. 대성당 자체는 거대하고, 의식(儀式)을 위한 장막으로 장식되어 있다. 오톤 왕[56]과 왕비는 연단 위에 서서 놀라울 정도로 편안한 자세로 전통 의상을 입고 있는데, 그 모습은 마치 그들의 독립 승인과 그리스에 대한 애국심을 가장 세련되게 증명하는 것처럼 보인다. 왕의 허리는 가장 귀여운 독립 민병대원의 허리처럼 졸라매여 있고, 그의 치마는 국가적인 멋으로 과장되게 퍼져 있다. 그들 앞으로 총대주교가 다가서는 모습인데, 어깨는 굽은 채 흰 수염을 휘날리며 작은 눈에는 녹색의 안경을 쓰고, 자신의 전 존재에서는 쇠진한 오리엔트의 무표정을 보여 주고 있다. 이 작품을 가득 채우는 모든 등장인물들은 초상화라고 할 수 있는데, 그중 가장 특이한 인물은 전혀 그리스적이지 않은 얼굴의 이상함으로 돋보이는, 왕비의 곁에서 자신의 일에 몰두하고 있는 독일 부인의 초상이다.

G씨의 컬렉션 중에서 우리는 자주 프랑스 황제를 보게 되는데, G씨는 황제의 닮은 모습을 그대로 간직한 채, 인물

---

[56] 오톤 1세, 재위 1832~1862. 그리스 독립전쟁(1821~1829) 후 1832년 런던 회의에서 그리스 독립을 승인하면서 독립 그리스 초대 군주로 즉위.

을 완벽한 스케치로 간략하게 생략하고, 서명으로 마무리하듯 확실하게 작업한다. 가끔 황제는 자신의 말을 타고서 빠른 속도로 달리며, 얼굴을 쉽게 알아볼 수 있는 장교들이나, 혹은 파리풍의 경의를 표할 유럽이나 아시아 또는 아프리카 같은 외국의 제후들을 거느리고 열병식을 사열한다. 이따금, 그는 탁자의 네 다리처럼 굳건하게 서 있는 말 위에 움직이지 않고 앉아 있는데, 왼쪽에는 승마복 차림의 황후가 있고, 오른쪽에는 우리가 영국 화가들의 풍경 속에서 자주 보는 조랑말같이 털 많은 작은 말 위에 군인처럼 앉아서, 근위병 모자를 쓰고 있는 어린 황태자가 보이기도 한다. 어떤 때 그는 불로뉴 숲의 오솔길에서 빛과 먼지의 소용돌이 속으로 사라지기도 하고, 또 어떤 때는 생앙투안 지구 거리 사람들의 환호 속에서 천천히 산책하기도 한다. 이 수채화들 중에서 그 마술적인 특성으로 나의 마음을 가장 사로잡은 작품 하나가 있다. 화려하면서도 묵직하게 호화로운 칸막이석 앞으로 황후는 조용하면서도 안정된 자세로 나타난다. 황제는 연극을 좀 더 잘 보기 위해서 몸을 가볍게 앞으로 숙이고 있다. 그 밑에는 이백 명의 근위병들이 거의 종교적이라고 할 수 있을 정도의 군인의 부동자세로 움직이지 않고 서 있다. 그들의 빛나는 군복 위로 연극 무대의 각광

이 빛을 발한다. 이 불꽃의 띠 뒤에서는, 무대의 이상적인 분위기 속에서 배우들이 조화롭게 노래하며 대사를 떠들고 몸짓을 한다. 또 다른 쪽으로는 희미한 빛의 심연과 매 층마다 인간들의 얼굴로 가득 찬 원주의 공간이 펼쳐진다. 그것은 샹들리에와 관중들이다.

마찬가지로 1848년의 민중 운동, 공화파 클럽 그리고 그 성대한 축제[57]도 G씨에게 일련의 생생한 작품들을 제공했는데, 대부분의 작품들은 〈일러스트레이티드 런던 뉴스〉에 의해 인쇄되었다. 몇 년 전 그의 재능에 수확이 많았던 스페인 여행 후에, 그는 비슷한 성격의 화첩을 만들었지만 나는 그중 일부분만을 보았다. 아무 걱정 없이 자기의 데생을 주거나 혹은 빌려 주는 그의 무관심 때문에 그의 작품들은 종종 돌이킬 수 없이 분실되어 버린다.

---

57) 1848년의 프랑스 2월 혁명은 6월 대학살이 있기 전까지 민중 축제의 형태로 퍼져 나갔다. 〈박애의 축제〉라는 제목의 당시 기록화가 남아 있다.

VIII
군인

 다시 한 번 예술가가 선호하는 주제의 종류를 정의하자면, 우리는 그것을 문명화된 세계의 수도에 그 모습을 나타내는 **인생의 화려함**, 군인 생활의 화려함, 우아한 인생의 화려함, 유혹적인 사랑의 화려함이라고 할 수 있다. 우리의 관찰자는 전쟁, 사랑, 노름같이 깊고 격렬한 욕망들이 인간 마음의 오리노코 강[58] 같이 거대한 강물처럼 흐르는 곳은 어느 곳이든지, 또는 행복과 불행이라는 이 거대한 요소들이 표현되는 축제와 허구가 뒤섞이는 곳은 어느 곳이든지, 항상 정확하게 자신의 자리를 지키고 있다. 하지만 G씨는 다

---
58) Orinoco, 남아메리카 북부에 있는, 이 대륙에서 세 번째 긴 강.

른 무엇보다도 군대와 군인을 현저하게 선호하는데, 나는 이러한 애정이 필연적으로 전사(戰士)의 영혼을 통해서 자신의 태도와 자신의 얼굴에 나타나는 미덕과 품성뿐만 아니라, 자신의 직업 때문에 입어야 하는 밖으로 드러나는 몸 장식에도 기인한다고 생각한다. 폴 드 몰렌 씨는 군인들의 멋 내기와 모든 정부가 기쁜 마음으로 자기의 군대에게 입히는, 번쩍이는 제복들의 정신적인 의미에 대하여 정확하면서도 매혹적인 몇 페이지의 글을 썼다.[59] G씨도 기꺼이 이 글에 자신의 서명을 하였으리라고 생각한다.

우리는 이미 모든 시대에는 자신의 아름다움을 나타내는 특수한 용법이 있다는 것을 이야기하였다. 그리고 모든 세기에 말하자면, 그 시대의 개성적인 우아함이 있다는 것도 지적했다. 이와 같은 지적이 다양한 직업에도 적용될 수 있다. 각각의 직업은 그 직업의 외부의 아름다움을 그 아름다움이 속해 있는 윤리적 규범에서 이끌어 낸다. 어떤 직업에서는 이 아름다움이 에너지로 특징지어지고, 또 다른 직업에서는 한가함이라는 눈에 보이는 표식을 지닐 것이다. 그것은 비유하자면 문자의 상징이나 숙명의 상표와 같다. 군

---

59) 폴 드 몰렌(Paul Gaschon de Molènes, 1821~1862)의 『감정과 군인 이야기(Histoires sentimentales et militaires)』(1855)를 가리킴.

인도 하나의 계층으로 살펴볼 때, 댄디나 고급 창녀가 자신의 아름다움을 가진 것처럼, 그 취향은 근본적으로 다르지만 자신의 아름다움을 갖고 있다. 나는 격렬한 훈련으로 근육이 바뀌고 얼굴에 노예의 표시를 남기는 직업들은 의도적으로 제외하고 말한다는 것도 여러분은 이해해 주기 바란다. 놀라움에 익숙해진 군인은 거의 놀라지 않는 법이다. 그러므로 군인의 아름다움의 특징은 군인적인 냉담함, 침착함과 대담함의 기묘한 결합일 것이다. 이 아름다움은 매 순간 죽음을 의식할 필요에서 태어나는 아름다움이다. 게다가 이상적인 군인의 얼굴에는 큰 단순함이 새겨져야 한다. 왜냐하면 수도사들이나 학생들처럼 집단으로 생활하고, 아빠로서 해야 하는 추상적인 일상의 걱정이 없이 생활하는 데 익숙한 군인은 많은 경우 어린애처럼 단순하기 때문이다. 어린애들처럼 의무를 완수하면, 그들은 쉽게 즐기고 격렬한 오락에 빠지는 경향이 있다. 이 모든 정신적인 고찰들이 G씨의 스케치와 수채화에서 자연스럽게 솟아 나온다고 말하는 것은 결코 과장이 아니다. 모든 군인의 유형들이 그의 그림에서 나타나고, 그 모두가 어떤 열광적인 기쁨에 의해 그려져 있다. 뚱뚱한 몸으로 자기의 말을 괴롭히는 진지하고도 슬픈 표정의 늙은 보병 장교, 허리를 꽉 조이고 어깨를 건들거리며 부끄럼 없이 부인들의 안락의자에 몸을 숙이며, 뒷모습을 보면 가장 가늘고 우아한 곤충을 생각나게 하는 잘 생긴 참모 장교, 자신들의 자세에서 대담함과 독립심이라는 예외적인 특성을 개인적인 책임감의 생생한 느낌처럼 보여 주는 원주민 보병들과 저격수들, 경기병의 민첩하면서 쾌활한 냉담함, 가끔은 안경이라는 전쟁에는 어울리지 않는 도구를 쓴 포병이나 공병 같은 특수부대원들의 전문적이고 학문적인 용모, 이러한 모델들과 이 뉘앙스들 중 어느 것도 소홀히 다루어지지 않고, 모든 것이 똑같은 사랑과 똑같은 정신으로 요약되고 정의되는 것이다.

지금 내 눈앞에는 보병 행렬의 선두를 그린 진짜 영웅적인 그림들 중 하나가 있다. 아마도 이들은 이탈리아에서 돌아오면서 큰 대로에서 다중의 열광적인 환호에 잠시 멈춰서 있는지 모른다. 아니면 아마도 롬바르디아로 가는 기나긴 여정을 완수했는지도 모른다. 나는 알 수 없다. 하지만 명확하게 보이고 충분히 이해되는 것은 햇볕과 비, 그리고 바람에 그을린 이 모든 얼굴들에 나타난 휴식에서조차 보이는 단호하고 대담한 특성이다.

여기서 우리는 함께 겪은 고통과 복종이 만들어 낸 표정의 획일성, 처음 가진 용기가 지루하면서 기나긴 피로를 견

디면서 체념된 모습을 본다. 걷어 올리고 각반으로 조인 바지들, 희미하게 색이 바래서 먼지를 뒤집어 쓴 군용 외투들, 짧게 요약하자면 이 군인들의 모든 장비들조차 이상한 모험들을 겪고 멀리서 돌아오는 사람들의 특별한 모습을 하고 있다. 이 모든 사람들은 다른 어떤 사람들보다 더 확고하게 자신의 허리에 의지하고, 더 단호하게 자신의 두 다리로 딛고, 더 꼿꼿하게 서 있는 모습을 보여 주고 있다. 항상 이런 아름다움을 찾으려고 애써 왔고 가끔은 발견하기도 했던 샤를레[60]에게 이 그림을 보여 주었다면 그는 아마 이 그림에 큰 충격을 받았을 것이다.

---

[60] Nicolas Charlet, 1792~1845, 프랑스 화가. 군대 기록화를 많이 그렸음.

IX
댄디

부유하고 한가로우며, 또 모든 일에 무관심하기까지 하여 행복을 추구하는 것 말고는 다른 관심이 없는 사람, 부유하게 자라나서 젊은 시절부터 다른 사람들을 복종시키는 데 익숙한 사람, 그리고 우아함 외에는 다른 직업이 없는 사람은, 항상 어느 시대에도 완전히 품위 있는 자기만의 외모를 가지고 있다. 댄디즘은 결투만큼이나 모호한 어떤 제도이다. 이것은 아주 오래전부터 존재하는 제도인데 왜냐하면 카이사르, 카틸리나,[61] 알키비아데스[62] 등이 우리에게

---

[61] Lucius Sergius Catilina, 108~62 BCE. 로마 공화정 말기의 정치가. 원로원에 맞서 공화정을 전복하려던 '카틸리나의 모반'이 발각되어 처형당함.
[62] Alkibiades, 450~404 BCE. 아테네의 군인·정치가. 무절제와 탐욕으로 아테네의 군사적 쇠락의 원인을 제공했다.

분명한 전형을 보여 주어 왔기 때문이고, 또 아주 일반적인 제도이기도 한데 왜냐하면 샤토브리앙은 그것을 신세계의 숲과 호숫가에서 발견하였기 때문이다.[63] 댄디즘은 모든 법률 밖에 존재하는 제도이지만, 자신들의 성격이 아무리 격렬하고 독립적이라 할지라도 모든 백성들이 엄격하게 따라야 하는 준엄한 법률을 갖고 있다. 영국 소설가들은 다른 어떤 민족들보다 **상류 생활**(high life)의 소설을 발전시켜 왔고, 드 퀴스틴 씨[64] 같이 특히 연애소설을 쓰기를 원했던 프랑스 사람들은 등장인물들이 자신들의 환상을 충족시키는 데 주저 없이 돈을 쓸 수 있도록 등장인물들에게 충분히 많은 재산을 조심스럽게 부여하였다. 그리고는 그 등장인물들에게 어떤 직업도 부여하지 않았다. 이들은 자신의 인격에서 아름다움을 추구하고 자신들의 정열을 만족시키고 느끼고 사고하는 일 외에는 다른 직업이 없다. 또한 이들은 자기 뜻대로 상당한 정도의 돈과 시간을 갖고 있다. 왜냐하면 돈과 시간이 없다면 환상은 지나가는 몽상처럼 행동으로 이루어질 수 없기 때문이다. 유감스러운 사실이지만, 여유와 돈이

---

63) 샤토브리앙(François-René de Chateaubriand, 1768~1848)의 아메리카 대서사시『나체즈 족』중 단편「아탈라」를 가리킴.
64) Astolphe de Custine, 1790~1857, 프랑스의 문필가 겸 예술 후원가.

없다면 사랑도 천박한 사랑 놀음이나 결혼의 의무를 완수하는 일에 지나지 않는다. 사랑은 타오르는 꿈꾸는 기분의 변덕이 아니라 혐오스러운 유용성(utilité)으로 전락해 버린다.

내가 댄디즘을 이야기하면서 사랑에 대해 말하는 이유는 사랑이 한가한 사람들의 자연스러운 관심사이기 때문이다. 하지만 댄디는 사랑을 특별한 목적으로 간주하지 않는다. 내가 방금 돈에 대해서 이야기한 이유도 돈이라는 것이 자신의 정열에 믿음을 가진 사람들에게 필수적인 것이기 때문이다. 하지만 댄디는 돈을 본질적으로 추구하지 않는다. 댄디에게 돈은 무한히 빌려 쓸 수 있으면 충분하고, 이 천박한 돈에 대한 열정은 천한 사람들에 넘겨준다. 댄디즘은 생각이 깊지 않은 사람들이 믿는 것처럼 화장과 물질적인 우아함에 대한 무절제한 취미도 아니다. 완벽한 댄디에게 있어서 이것들은 그의 정신의 귀족적 우월함의 상징에 불과하다. 그래서 무엇보다도 **품위**(distinction)에 사로잡힌 그의 눈에 완벽한 화장은 완전한 단순함에 있고, 그것이 사실 스스로 가장 두드러져 보이는 좋은 방법이다. 그렇다면, 교리가 되어 버려 신봉자들을 지배자로 만들어 놓는 이 정열은 무엇인가? 그렇게도 고상한 귀족 계급을 형성하는 이 불문(不文)의 제도는 무엇인가? 그것은 무엇보다도 관습의 테두리 안에 들어간 채로 스스로 개인적인 독창성을 만들어 내려는 열정적인 욕구이다. 이것은 일종의 자아 숭배로서 예를 들면 여자처럼 타인에게서 행복을 추구하는 것보다 오래 살아남고, 심지어 사람들이 환상이라고 부르는 것보다 오래 살아남는 자아 숭배이다. 이것은 남을 놀라게 하는 기쁨이며 절대로 자신은 놀라지 않는 오만한 만족이다. 댄디는 모든 일에 무관심한 사람이 될 수도 있고 고통 받는 사람이 될 수도 있다. 하지만 고통 받는 경우에도 그는 여우의 이빨에 물린 스파르타 소년처럼[65] 미소 지을 것이다. 다른 측면에서 댄디즘은 정신주의와 금욕주의와 닿아 있는 것으로 보일 수 있다. 하지만 댄디는 결코 천박한 인간이 될 수는 없다. 만일 그가 범죄를 저질렀다 해도 그는 타락하지 않을 것이다. 하지만 이 범죄가 사소한 이유에서 일어났다면 그 불명예는 치유될 수 없을 것이다. 독자들이 이 경박함 속의 엄숙함에 대해 놀라지 않기를, 모든 광기 속에는 어떤 위대함이 그리고 모든 과도함 속에는 어떤 에너지가 있다는 사실을 기억하기를 바란다. 이 이상한 정신주의! 사제이면서 동시에 희

---

65) 스파르타의 소년 전사 교육 중 도둑질 훈련이 있는데(들키면 혹독한 체벌), 한 소년이 여우를 훔쳐 옷 속에 넣고 도망치다 여우가 발버둥쳐 배가 찢기는데도 들키지 않기 위해 고통을 참았다는 이야기가 전해 온다.

생자인 사람이 밤낮으로 하는 흠 잡을 데 없는 화장에서부터 운동의 가장 위험한 곡예에 이르기까지, 그가 따라야 하는 복잡한 모든 물질적인 조건들은 의지를 강화하고 영혼을 통제하기 위한 훈련에 불과하다. 실제로 댄디즘이 일종의 종교라고 여기는 나의 생각이 틀린 것은 아니다. 가장 엄격한 수도원의 규칙, 취했다고 자기 제자들에게 자살을 명하는 '산(山) 노인'[66]의 거역할 수 없는 명령도 이 우아함과 독창성의 교리보다 더 독재적이지도 더 순응적이지도 않았다. 이 교리는 광기와 정열, 용기 그리고 내적 에너지로 가득 찬 사람인 이 야심차고 겸손한 신봉자들에게 끔찍한 명령인 **시체 같은 절대 복종**(perinde ac cadaver)[67]을 명하기 때문이다!

이들을 세련된 사람, 놀라운 사람, 아름다운 사람, 멋쟁이, 혹은 댄디로 부르더라도 그들은 모두 같은 기원에서 출발한다. 모두 대립과 반항이라는 같은 성격을 띠고 있다. 이들은 인간 자존심의 최고 대표자들이고, 비루함과 싸워 그것을 없애려는 오늘날에는 보기 드문 욕구의 대표자들이

---

66) 1090년 이란 북부에서 이슬람 시아파 중 이스마일파의 신비주의적 암살 비밀결사 '아사시니(Assasini)'를 조직한 하산 이븐 알 사바흐(Hasan Ibn al Sabbah, 1036경~1124)의 별명.
67) 직역하면 '시체처럼'. 기독교 수도사, 특히 제수이트파의 강령.

다. 바로 그 점으로부터 냉담함에서조차 보이는 이 선동적이고 오만한 배타성이 댄디에게 나타난다. 댄디즘은 특히 민주주의가 아직 큰 힘을 갖지 못하고 귀족주의는 뒤흔들리면서 추락하기 시작하는 그 격동의 시대에 나타난다. 이 혼돈스러운 시대에 신분이 박탈되고 삶에 혐오감을 느끼며 할일은 없지만 타고난 힘이 넘치는 몇몇 사람들은 일종의 새로운 귀족주의를 세우려는 계획을 가질 수 있다. 그 귀족주의는 가장 소중하고 파괴되지 않는 능력들, 일이나 돈이 줄 수 없는 천상의 재능에 바탕을 두기 때문에 없애기가 힘들 것이다. 댄디즘은 데카당스 시대에 나타나는 영웅주의의 최후의 폭발이다. 북아메리카에서 여행자가 다시 발견한 댄디의 유형도 이 생각을 결코 약화시키지는 못한다. 왜냐하면 우리가 야만이라고 부르는 부족들이 사실은 사라진 위대한 문명의 잔해가 아니라고 어떻게 확신하겠는가? 댄디즘은 지는 해이다. 댄디즘은 지는 성좌처럼 찬연하지만 열정도 없고 멜랑콜리에 차 있다. 하지만 불행하게도 민주주의라는 거대한 물결이 모든 것을 덮치고 평준화시키고 매일매일 이 인간 자존심의 최후의 대표자들을 익사시키며 이 경이로운 전사들이 남겨 놓은 발자취를 망각의 물결로 쓸어버린다. 우리나라에서 점점 더 댄디를 보기가 힘든 반면 우

리의 이웃인 영국에서는 사회적 제도와 헌법(Constitutuon)
—진정한 헌법, 즉 관습에 의해 표현되는 진정한 헌법[68]
—은 셰리든[69]과 브러멜[70] 그리고 바이런[71]의 후손들에게
오랫동안 자리를 남겨 줄 것이다. 만약 적어도 그들이 그럴
만한 가치가 있는 사람들이라면 말이다.

독자에게 본론에서 벗어난 이야기로 보일 수 있는 이야기
가 사실은 여담이 아니다. 한 예술가의 데생에서 솟아 나오
는 여러 가지 생각들과 정신적인 몽상들은 많은 경우 비평
가가 할 수 있는 최고의 번역이다. 암시들은 기본적인 생각
에 속하고 그 암시들을 차례로 보여 주면서 기본적인 생각
을 추측하게 할 수 있다. G씨가 종이 위에 자신의 댄디들
중 한 명을 그릴 때, 만일 우리가 현재나 일반적으로 가벼
운 주제에 대해 이야기하는 것이 아니라면 그는 항상 자신
의 그림 속의 인물에게 역사적인 특성, 아니 감히 말하건대

---

68) 프랑스는 1791년 이래 성문(成文) 헌법을 갖고 있으나 영국은 전통적인 불문(不文) 헌법을 고수하는데, 보들레르는 이 불문 헌법이야말로 진정한 '헌법=기틀(Constitution)'이라고 하고 있다.
69) Joseph Sheridan Le Fanu, 1814~1873, 아일랜드의 환상문학 작가.
70) George Brummell, 1778~1840, 영국의 유행 선도가. 도르빌리(Barbey d'Aurevilly)의 『댄디즘과 조지 브러멜』(1845)의 소재가 되었다.
71) Geroge Gordon Byron, 1788~1824, 영국의 낭만주의 시인. 6대 바이런 남작이 되어 흔히 '로드 바이런'으로 불린다.

전설적인 특성까지 부여한다는 사실을 이야기할 필요는 없을 것이다. 그의 가벼운 발걸음, 사교적인 침착함, 권위 있는 모습 속의 단순함, 그가 옷을 입고 말을 모는 방법, 항상 편안하면서도 내적인 힘을 보여 주는 태도들, 그 어느 것도 빠지지 않고 묘사한다. 그래서 여러분의 시선이 그가 편애하는 아름다움과 무서움이 그 속에 신비스럽게도 섞여 있는 인물을 보면 여러분은 '아마도 부유한 사람이겠지. 하지만 해야 할 과업이 없는 헤라클레스와 더 비슷하네'라고 생각할 것이다.

댄디의 아름다움의 본질은 무엇보다도 감동을 받지 않으려는 확고한 결심에서 나오는 차가운 태도에 있다. 여러분은 이 본질을, 추측할 수 있고 빛날 수 있지만 빛나기를 원하지 않는 잠재적인 불꽃이라고 부를 수 있다. 이 그림들이 완벽하게 표현하는 것은 바로 이런 특성이다.

X
여자

 대부분 남자들에게 가장 생생하고 가장 지속적인 쾌락의—철학적 쾌락의 수치를 무릅쓰고 말하자면—원천인 존재, 그들의 모든 노력이 그 존재를 향해 혹은 그 존재의 이익을 위하게 하는 존재, 끔찍하면서도 신처럼 의사소통할 수 없는—무한은 유한을 눈멀게 하고 짓누르기 때문에 의사소통할 수 없지만 우리가 말하는 존재는 의사소통할 것이 아무것도 없기 때문에 이해 불가능한—존재, 우아함을 무기로 정치라는 진지한 흥정을 쉽고 쾌활하게 해주는, 조제프 드 메스트르[72]가 그 안에서 **아름다운 동물**(un bel animal)

---

72) Joseph Marie de Maistre, 1753~1821, 프랑스 전통주의를 지지하고 혁명에 반대한 정치가·문필가로, 보들레르에게 영향을 끼쳤다.

을 발견한 존재, 그를 위해, 그에 의해 재산을 모았다가 날려 버리게 만드는 그 존재, 그를 위해 그리고 특히 그에 의해 예술가와 시인들이 자신들의 가장 섬세한 보석들을 만들게 하는 그 존재, 가장 무기력한 쾌락과 엄청난 고통을 주는 존재, 한마디로 이야기해 여자, 여자는 일반적으로 모든 예술가들에게 그리고 특히 G씨에게는 남자의 암컷 이상의 존재이다. 그녀는 차라리 수컷 머릿속의 모든 개념들을 지배하는 하나의 신성, 하나의 별이다. 그녀는 단 하나의 존재 속에 응축된 자연의 모든 은총들의 반짝임이다. 그녀는 인생이라는 그림이 관람자에게 제공하는 가장 생생한 감탄과 호기심의 대상이다. 그녀는 일종의 우상, 아마 어리석지만 자신의 시선 아래 모든 운명들과 모든 의지들을 내려다보는 빛나며 매혹적인 우상이다. 그녀는 단지 사지가 정확하게 결합하여 완벽한 조화의 예를 보여 주는 동물이 아니다. 또한 조각가가 자신의 깊고 깊은 명상 속에서 꿈꾸는 것 같은 순수한 미의 전형은 더욱 아니다. 아니, 여자의 그 신비하고 복잡한 매혹을 설명하려면 이것만으로는 충분하지 않다. 여기서 우리는 빙켈만[73]과 라파엘로는 필요가 없다.

---

73) Johann Joachim Winckelmann, 1717~1768, 독일의 미학자, 미술사학의 창시자.

G씨가 그의 박학(博學)—그를 모욕하려는 의도 없이 하는 말이다—에도 불구하고, 만약 그가 레이놀즈나 로렌스[74]의 초상화를 음미할 기회를 잃어야 한다면 그는 기꺼이 고대 조각을 무시할 것이라고 나는 확신한다. 여자를 장식하는 모든 것, 그녀의 아름다움을 돋보이게 사용되는 모든 것은 그녀의 일부이다. 이 수수께끼 같은 존재를 특별히 연구하는 예술가들은 여자 그 자체만큼이나 **여성적 세계**(mundus muliebris)[75]의 세세한 부분에도 푹 빠져들 것이다. 분명 여자는 하나의 빛, 하나의 시선 그리고 행복에의 초대이며, 그리고 이따금은 하나의 말이다. 하지만 무엇보다도 여자는 하나의 전체적인 조화이다. 그 걸음걸이와 몸 전체의 움직임에서뿐만이 아니라, 모슬린 천, 얇은 천, 그녀를 감싸고 있으며 그녀의 신성의 받침대와 상징물처럼 거대하고 반짝거리는 구름 같은 천, 그녀의 팔과 목 주위로 뱀처럼 감싸며 그녀의 불길 같은 시선에 불꽃을 일으키거나, 그녀의 귀 주위에서 재잘거리는 금속이나 광물들 모두 하나의 전체적인 조화이다. 어떤 시인이 미인을 마주했을 때 느끼는 기

---

74) 레이놀즈(Joshua Reynolds, 1723~1792)와 로렌스(Thomas Lawrence, 1769~1830)는 영국의 초상화가들로, 레이놀즈의 궁정 화가 자리를 로렌스가 이어받았다.
75) 여자의 화장과 몸치장을 가리킴.

뺨을 그릴 때 여자와 그녀의 의상을 감히 분리하려 할 것인가? 길에서 연극에서 또는 공원에서 예쁘게 꾸민 화장을 가장 무관심한 채 즐기지 않는 사람이 어디 있으며, 여자와 의상, 이 둘을 나눌 수 없는 하나의 통일성으로 여기고 그 통일성을 간직한 미인의 이미지를 가져가지 않을 사람이 어디에 있겠는가? 이제 여기서는 이 글의 초반부에 간략하게 언급하기만 했던 의상과 장신구에 관련된 문제로 다시 돌아와서 몇몇 자연의 애매모호한 연인들이 화장술에 대해 공격했던 어리석은 중상모략에 대해 반격을 할 때가 온 것 같다.

XI
화장 예찬

진지한 의도를 가진 작업에는 너무 천박하고 어리석어서 인용하기가 어려워 보이지만, 생각하지 않는 사람들의 미학을 가벼운 통속 희극풍으로 아주 잘 표현한 노래가 있다. '자연이 아름다움을 더 아름답게!' 만일 시인이 프랑스 어를 알고 있었다면 그는 '단순함이 아름다움을 더 아름답게 한다'라고 말했을 것이다, 이 문장은 전혀 예기치 않은 종류의 새로운 진실, '있는 그대로를 더 꾸며 줄 것은 없다'와 대등한 가치를 지닌다.

미와 관련된 대부분의 오류들은 도덕과 관련된 18세기의 잘못된 개념에서 나온다. 이 시대에는 자연이 모든 가능한 선(善)과 미의 기본이며 원천 또는 전형으로 여겨졌다. 원죄의 부정이 이 시대의 일반적인 맹목성 속에서 적지 않은 역할을 했다. 하지만 우리가 단순히 눈에 보이는 사건, 모든 세대의 경험, 그리고 〈법정 신문〉[76]을 참조하기로 동의한다면, 자연이 아무것도 또는 거의 아무것도 가르쳐 주지 않는다는 사실을 알게 될 것이다. 다시 말해 자연은 **강제로** 인간을 자고 마시고 먹게 하고 그리고 그럭저럭 환경의 공격에 대항하여 싸우게 강요한다. 또한 인간이 자신의 동류를 죽이고 잡아먹고 감금하고 고문하게 하는 것도 역시 자연이다. 왜냐하면 우리가 필요와 욕구의 영역을 벗어나 호사와 쾌락의 영역에 들어가자마자 자연이 권하는 건 범죄밖에 없기 때문이다. 존속 살해와 식인 그리고 조심스럽고 신중해서 차마 말로 형용하기 어려운 수천 가지 혐오스러운 일들을 저지르게 시키는 것도 이 무류(無謬)의 자연이다. 반면에 우리가 가난하고 병든 부모를 봉양하도록 지시하는 것은 철학―나는 좋은 의미의 철학을 말한다―과 종교이다. 우리의 타고난 이기심의 목소리에 지나지 않는 자연은 그들을 때려죽이라고 명한다. 자연적인 것, 단순한 자연인의 모든 행동들과 욕망들을 하나씩 살펴보고 분석

---

76) 〈Gazette des Tribunaux〉, 1825년 창간한 법조 신문.

해 보라. 그러면 여러분은 끔찍한 것만 발견할 것이다. 아름답고 고귀한 모든 것은 이성과 계산의 결과물이다. 인간이란 동물이 제 어미의 뱃속에서부터 길러 온 범죄의 취미는 태어나면서부터 자연적이다. 반대로 미덕은 **인공적이고 초자연적**인데, 왜냐하면 어느 시대, 어느 나라에서나 미덕을 타락한 인류에게 가르쳐 주기 위해서 신들과 선지자들이 필요했고 인간 **혼자서** 발견하기는 불가능했기 때문이다. 악은 노력 없이 **자연적으로** 숙명에 의해 행해지는 법이고 선은 항상 기교의 산물이다. 내가 도덕에 관해서 자연을 나쁜 조언자로 그리고 이성을 진정한 속죄자, 개혁자로 이야기한 내용은 미의 세계에도 적용될 수 있다. 그래서 나는 결국 장신구는 인간 영혼의 원초적 고귀함의 표시 중의 하나라고 생각하게 되었다. 우리의 혼란스럽고 타락한 문명이 우스꽝스러울 정도로 오만하고 거들먹거리며 야만이라고 부르는 종족들은 어린애처럼 이미 화장의 높은 정신성을 잘 이해하고 있는 것이다. 야만인과 어린애는 빛나는 것, 색색 가지의 깃털, 영롱하게 빛나는 옷감, 인공적인 형태의 최고의 장엄함에 대한 타고난 열망과 현실에 대한 혐오를 통해 이미 자신들도 모르는 사이에 그들 영혼의 비물질성을 증명하여 주고 있다. 진정한 문명의 산물이 아니라 돌아온 야만성의 산물이었던 루이 15세처럼 단순한 **자연***⁷⁷⁾외에는 취미를 느끼지 못할 정도로 타락한 사람에게 불행이 있으라!

그러므로 유행이란 자연적인 생활이 인간의 머릿속에 쌓아 놓은 상스럽고 세속적이며 더러운 모든 것을 넘어서려는 이상(理想)에의 취향의 징후이며, 자연의 숭고한 변형 또는 지속적이며 계속적으로 자연을 개혁하려는 시도로 여겨져야 한다. 모든 유행은 매혹적이라는 점, 다시 말해 상대적으로 매혹적이며, 각각의 유행은 어느 정도 행복을 느끼는 아름다움을 향한 새로운 노력이라는 점, 또한 유행은 이상에의 욕망이 만족 못 하는 인간 정신을 끊임없이 자극하는 어떤 이상에의 접근이라는 점들이 비록 그 이유는 밝혀지지 않았지만 누누이 지적되어 왔다. 하지만 모든 의상들을 잘 맛보기를 원한다면 죽은 사물로 여겨서는 안 된다. 그럴 바에는 차라리 고물 장수의 장롱 속에 성 바르톨로메오

---

* (원주) 뒤바리 부인(Mme Dubarry)은 왕을 받아들이기를 피하고 싶을 때 조심스럽게 루즈를 발랐다. 그것으로 충분한 표시였다. 그렇게 그녀는 자신의 문을 닫았다. 그녀는 스스로 아름답게 꾸미면서 이 왕실의 자연의 제자[루이 15세—옮긴이]를 도망가게 하곤 하였던 것이다.

77) 뒤바리 부인의 본명은 잔 베퀴(Jeanne Bécu, 1743~1793)이며, 하층계급 출신으로 바리 백작부인이 되었다가 이혼하고 루이 15세의 애첩이 되었다. 대혁명 후 공포정치 시대에 단두대에서 처형되었다.

의 벗겨진 살가죽[78]처럼 걸려 있는 누더기 헌 옷들을 찬미하는 것이 더 나을 것이다. 의상들은 그 의상을 입고 있는 아름다운 여성들에 의해 생명을 얻고 활기를 띤 모습으로 상상되어야 한다. 그렇게 할 때에만 그 의상의 의미와 정신을 이해할 것이다. 그러므로 만일 '**모든 유행은 매혹적이다**'라는 경구가 너무 절대적인 것처럼 충격적으로 들린다면 '**모든 유행은 과거에 정당하게 매혹적이었다**'라고 말하라. 그러면 여러분은 자신이 틀리지 않았다는 확신을 가질 수 있을 것이다.

여자가 마술처럼 초자연적으로 보이려고 노력하는 모습은 그녀의 정당한 권리이며 사실은 일종의 의무까지 완수하고 있는 셈이다. 여자는 사람을 놀라게 하고 매혹시켜야 하며 우상으로서 여자는 숭배 받기 위해 자신을 치장해야 한다. 그래서 여자는 사람들의 마음을 잘 지배하고 정신에 더욱 강한 인상을 주기 위해 모든 예술에서 자연을 능가할 수 있는 방법들을 빌려야 한다. 만일 성공이 확실하고 효과가 만점이라면, 계략과 기교가 모두에게 알려진다 해도 그 사실은 하나도 중요하지 않다. 바로 이런 관점에서 철학적인 예술가는 여자들이 자신의 사라지기 쉬운 미모를 강화하고

---

[78] 예수의 12사도 중 한 명인 성 바르톨로메오는 아르메니아에서 산 채로 살가죽을 벗기우는 형을 받았다고 전한다.

신격화하기 위해 모든 시대에 사용하였던 방법들이 정당했다고 생각하게 될 것이다. 예를 열거하자면 그 수는 헤아릴 수 없이 많다. 우리 시대가 천박하게 **화장**(maquillage)이라고 부르는 것으로 논의를 제한하자면, 순진한 철학자들이 바보같이 그처럼 맹렬히 공박했던 백분(白粉)을 사용하는 이유는 자연이 얼굴에 마구 뿌려 놓은 그 모든 반점들을 사라지게 할 목적이 있었고 그 결과로 피부의 색채와 피부 표면에 추상적인 통일성, 마치 무용수의 무용복에 나타나는 통일성처럼 인간이 조각상, 즉 더 우월하고 신적인 존재로 접근하는 통일성을 만들어 냈다는 사실을 사람들은 왜 모르는가? 눈의 윤곽을 그리는 인공적인 검은 아이라인과 뺨의 윗부분을 강조하는 연지(臙脂)에 있어서 그 사용은 같은 원칙, 즉 자연을 넘어서려는 욕구에서 나온 것임에도 불구하고 그 결과는 정반대의 욕구를 충족시키는 것으로 나타난다. 붉은색과 검은색은 삶, 어떤 초자연적이고 과도한 삶을 표현하고 있다. 시선을 더욱 깊이 있게 그리고 특이하게 보이게 만드는 이 검은 틀은 무한으로 향해 열려 있는 창문의 모습을 눈에 부여한다. 광대뼈를 붉게 물들이는 붉은색은 눈동자의 빛을 더욱 증가시키고 아름다운 여자의 얼굴에 여사제의 신비스러운 정열을 추가한다.

여러분이 나를 정확하게 이해했다면 얼굴 화장은 아름다운 자연을 모방하거나 젊음과 경쟁하겠다는 천박하고 말로 표현하기도 부끄러운 목적으로 사용되어서는 안 된다. 게다가 기교는 추한 모습을 아름답게 꾸며 주는 것이 아니라 아름다운 모습에 봉사할 뿐이라는 사실은 이미 알려져 있다. 누가 감히 예술에게 자연을 모방하는 불모의 기능을 부여하려 하는가? 화장은 자신을 감추기 위한 것도 아니요, 남이 자신을 짐작하지 못하게 하기 위한 것도 아니다. 반대로 그것은 가식적이지 않다면 적어도 순수하게 자신을 드러낼 수 있어야 한다.

나는 앞서 언급한 철학자들이 무거운 엄숙함 때문에 아름다움의 세세한 표현들에서 아름다움을 찾지 못하고 내 생각을 비웃고, 내 글을 유치한 과장이라고 비난하도록 기꺼이 내버려 두겠다. 그들의 엄격한 판단은 나를 감동시키지 못한다. 차라리 나는 진정한 예술가들과 태어나면서부터 자신의 몸 전체를 환하게 빛내 줄 이 성스러운 불꽃의 불씨를 받은 여인들에게 호소하는 데 만족하겠다.

XII
여자들과 창녀들

 이렇게 G씨는 현대성 안에서 아름다움을 찾아내어 그것을 설명하는 임무를 스스로에게 부여하고, 어느 사회 계층에 속하든 간에 아름답게 화장하고 인공적으로 화려하게 꾸민 여자들을 그려내고 있다. 게다가 그의 작품 컬렉션에서는 복잡하게 얽혀 있는 인간 생활에서처럼 다양한 계급과 인종의 차이점이 주인공들이 어떤 화려한 장식을 하였든 간에 관람자의 눈에 금방 두드러져 보인다.
 어떤 때는 최고 사회의 젊은 아가씨들이 중앙 무대에서 비추는 조명을 받고, 눈과 보석, 하얀 어깨로 그 빛을 받아 반사하면서 그림틀 역할을 하는 칸막이 좌석에서 초상화처럼 빛을 발하며 나타난다. 어떤 아가씨들은 심각하게 진지하고, 다른 아가씨들은 금발에 백치미를 보여 준다. 귀족적으로 무관심하게 조숙한 젖가슴을 드러낸 아가씨들이 있는가 하면, 부끄러워하면서 소년 같은 가슴을 보여 주는 아가씨들도 있다. 그녀들은 입가에 부채를 대고 눈은 희미하거나 혹은 무엇인가를 쏘아보고 있다. 그녀들은 자신들이 듣는 척하고 있는 드라마나 오페라처럼 연극적이고 장엄하다.

다음으로 공원의 오솔길에서 우아한 가족들이 한가하게 산책하는 모습을 우리는 볼 수 있다. 부인들은 차분한 태도로 남편들의 팔짱을 끼고 천천히 걸어가고, 남편들의 확고하고 만족해 하는 모습은 부유한 재산과 자기 만족을 보여 주고 있다. 여기서는 부유한 겉모습이 숭고한 품위를 대체하고 있는 것이다. 몸짓이나 태도가 키 작은 여자들을 연상시키는 빼빼 마른 어린 여자아이들은 큰 치마를 입고 줄넘기를 하고 굴렁쇠를 굴리거나, 야외에서 남의 집을 방문하는 놀이를 하면서 집에서 부모가 가르쳐 준 연극을 연습하고 있다.

하급 사회에서 떠올라 드디어 무대 조명이라는 태양 아래에 나온 것을 자랑스럽게 느끼고 있는 소극장의 딸들은, 날씬하고 연약하며 아직 어린데도 순수하고 병든 몸 위에 걸친 어느 시대에서도 볼 수 없는 이상한 가면 무도회복을 기쁘게 흔들고 있다.

카페의 문 입구에는 앞뒤로 빛나는 유리창에 몸을 기댄 채, 양복점 주인이 만들어 준 우아함을 걸치고 이발사가 정돈해 준 머리를 한 얼간이 한 명이 보인다. 그의 옆에는 회전의자의 발판에 발을 올려놓은 채 정부(情婦)가 앉아 있는데, 그녀는 귀부인과 닮기 위해서는 거의 아무것—이 '거의 아무것'은 '거의 모든 것'이고, 이것이 품위이다—도 부족하지 않은 바람기 많은 여자이다. 그녀의 예쁘장한 동반자처럼 그녀는 작은 입에 너무나 큰 시가를 물고 있다. 이 두 사람의 머릿속에는 아무 생각도 없다. 그들이 무엇인가를 바라보고 있는 것은 확실한가? 그렇지 않다면 멍청한 나르키소스 같은 이들은 자기의 이미지를 반사하는 강물처럼 군중들을 바라보고 있다. 사실 그들은 자신들의 쾌락보다는 관찰자의 쾌락을 위해 존재한다.

이제는 빛과 움직임으로 가득 찬 발렌티노(Valentino), 카지노(Casino), 프라도(Prado)[79]—과거에는 티볼리(Tivoli), 이달리(Idalie), 폴리(Folie), 파포스(Paphos)—그리고 게으른

---

[79] 파리의 유흥업소들로, 보들레르와 기스는 이 가운데 카지노 카데(Casino Cadet)를 함께 드나들었다.

젊은이들의 활력이 자유롭게 넘쳐 나는 시끌벅적한 장소로 가는 문이 열려 있다. 우아함을 변형시키고 그 목적까지 파괴할 정도로 유행에 따라 과장되게 차려 입은 여자들은 삼각형의 숄을 두른 채 옷자락으로 마룻바닥을 화려하게 쓸면서 지나간다. 그녀는 왔다 가고, 지나갔다 다시 오면서 동물처럼 놀란 눈을 뜨고 아무것도 보지 않는 척하면서 모든 것을 살펴보고 있다.

지옥의 불빛이 비치는 구석, 또는 여러분이 원한다면, 붉고 오렌지색, 유황색, 장미색—가벼움 속의 환희라는 관념을 드러내는—그리고 가끔은 보라색—푸른 장막 뒤에서 꺼져 가는 숯불, 수녀가 좋아하는 색채—의 북극광이 비추는 구석, 뱅골 불꽃을 연상시키는 마술적인 구석으로부터 몰래 영업하는 아름다움의 다양한 이미지가 솟아오른다. 그녀는 여기서는 장엄하고 저기서는 경쾌하고, 어떤 때는 작고 날씬하다가 또 어떤 때는 거대하고, 어떤 때는 작고 반짝이다가 또 어떤 때는 무겁고 웅장하다. 도발적이고 야만적인 우아함을 보여 주었다가 최고의 사회에서 통용되는 단순함을 어느 정도 행복하게 열망하기도 한다. 그녀는 앞으로 나아가고 미끄러지고 춤을 추며, 받침대와 시계추의 역할을 하는 수놓은 페티코트의 무게에 따라 좌우로 흔들거린다. 모자 아래로 그녀는 그림 액자 속의 초상화처럼 노려보고 있다. 그녀는 문명 속에 숨어 있는 야만의 완벽한 이미지이다. 그녀는 악(Mal)에서 태어난 아름다움을 가지고 있다. 그 아름다움은 정신성은 결핍되어 있으나, 가끔은 멜랑콜리 역할을 하는 피곤함으로 채색되어 있다. 먹잇감을 노려보는 야수처럼 그녀는 수평선에 시선을 던진다. 똑같은 야만성, 똑같은 무관심한 방심 그리고 가끔은 똑같은 고정된 시선이 보인다. 그녀는 규칙적인 사회의 가장자리를 방황하는 일종의 집시이며, 계략과 투쟁으로 점철된 그녀 삶의 천박함은 호화로운 포장을 통해서 숙명적으로 드러난다. 모방할 수 없는 대가인 라브뤼예르의 다음과 같은 말은 그녀에게 적용될 수 있다. "어떤 여인들에게는 눈의 움직임과 얼굴 표정, 걷는 방법에 나타나는 인공적인 위대함이 있다. 그러나 그것은 오래 지속되지 못한다."[80]

고급 창녀와 연관된 이러한 생각들은 어느 정도 여배우에게도 적용될 수 있다. 왜냐하면 여배우 역시 남을 위한 창조물이며 공중의 쾌락의 대상이기 때문이다. 하지만 그녀의 승리 또는 희생은 더 고상하고 더 정신적이다. 그녀는

---

80) 라브뤼예르, 『성격론』, 제3장 '여자'에서.

단순히 육체의 아름다움뿐만 아니라 가장 희귀한 분야에 속하는 재능을 통해 일반적인 인기를 얻어야 하기 때문이다. 만일 어떤 면에서 여배우가 고급 창녀와 닮아 있다면 또 다른 면에서는 여배우는 시인과도 닮아 있다. 자연적인 미, 그리고 인공적인 미 외에도, 모든 사람들은 육체적으로는 추하게 보이기는 하지만 전문적인 아름다움으로 나타날 수 있는 직업들의 고유한 특징, 어떤 특성을 갖고 있다는 것을 잊지 말아야 한다.

런던과 파리에서의 생활이라는 이 거대한 화랑에서는 모든 계층에서 방랑하는 여자, 반항하는 여자의 다양한 유형들을 만날 수 있다. 우선 우리는 자신의 최고 전성기에 세습 귀족의 태도를 흉내 내고, 자기 재능과 영혼 전체를 바친 호사로움과 젊음을 동시에 자랑스러워 하는 고급 창녀를 만난다. 그녀는 자신을 감싸고 있는 새틴이나 비단, 벨벳 천을 두 손가락으로 섬세하게 들어 올리기도 하고, 화장 전체를 불필요하게 과장해서 자신이 어떤 사람인지 보여 주지 못했다면, 화려한 장식의 신발만으로도 자신의 모습을 드러낼 수 있는 뾰족한 신발을 앞으로 내밀기도 한다. 계단을 내려가다 보면 우리는 카페처럼 장식된 더러운 술집에 갇혀 사는 여자 노예들에까지 다다르게 된다. 이 노예들은 가장 탐욕스러운 기둥서방의 보호 아래 자신의 재산이라고는 하나도 없는 자신의 아름다움에 양념 노릇을 할 기이한 장신구조차도 없는 불행한 여자들이다.

이 여자들 중 어떤 여자들은 순수하면서도 괴물 같은 자만심의 예증이라고 할 수 있는데, 그녀들은 얼굴과 한껏 치켜뜬 시선 속에 살아 있다는 행복감—사실 그 이유가 뭘까?—을 표현하고 있다. 가끔 그녀들은 만약 현대 조각가가 어느 곳에서든지—심지어 진흙탕에서조차도—고귀함을 포착할 용기가 있고 상상력이 충분하다면, 가장 섬세한 조각가까지도 매혹시킬 수 있는 대담하고 고귀한 포즈를 노력하지 않아도 우연히 발견한다. 어떤 때는 그녀들은 냉담한 작은 카페에서 권태의 절망적인 태도를 취하고, 동양적인 체념 상태로 시간을 죽이기 위해 담배를 피우면서, 남성적인 경멸감을 드러내며 무기력하게 나타난다. 그녀들은 긴 의자 위에 길게 누워 그 속에서 뒹굴고 치마는 이중의 부채처럼 앞과 뒤가 둥글게 펼쳐 있거나, 그렇지 않으면 회전의자나 보통 의자 위에서 균형을 잡고 앉아 있다. 그녀들은 무겁고 침울하고 어리석고 과장이 심하며, 두 눈은 화주(火酒)로 벌겋고 충혈되어 있으며 이마는 고집스럽게 튀어나와 있다. 우리는 이제 로마의 풍자시인의 표현에 의하면 쉬운

여자(femina simplex)[81]라는 나선형 계단의 마지막 계단에까지 내려왔다. 이제 우리는 알코올과 담배가 뒤섞여 증기를 만들어 내는 연기 한구석에, 폐병으로 곪아 터진 마른 몸이나 비만으로 불어 터진 몸같이 게으르고 끔찍한 건강 상태를 바라본다. 순진하고 가난한 사람들은 추측조차 못 하는 안개 낀 금빛의 혼돈 속에서, 죽음의 요정들과 어린애 같은 눈망울로 음울한 빛을 발하는 살아 있는 인형들이 꿈틀거리며 몸을 비틀고 있다. 그동안 술병으로 가득 찬 계산대 뒤에는 뚱뚱한 포주가 거만하게 있는데, 그녀의 머리는 벽 뒤로 악마의 뿔이 달린 그림자를 드리우는 더러운 스카프 속에 파묻혀 악에 바쳐진 모든 것은 뿔을 갖도록 저주 받았다는 생각이 들게 한다.

사실 내가 독자들의 눈앞에 이와 같은 이미지들을 펼쳐 보이는 이유는 독자들을 즐겁게 하기 위한 것도 또는 놀라게 하기 위한 것도 아니다. 이 두 가지 경우 모두 독자를 존중하지 않는 태도일 것이다. 이 이미지들이 소중하고 신성한 이유는 이 이미지들을 보면 일반적으로 가혹하면서도 어두운 수많은 생각들이 들기 때문이다. 비록 우연히 도처에

---

[81] 로마 유베날리스의 『풍자시집』 제6권에 나오는 말로, 원래 문맥에서는 섹스를 마다하는 여자는 없다는 뜻.

〈술집의 세 여인〉

흩어져 있는 G씨의 이 작품들에서 잘못된 의도를 가진 사람이 불건전한 호기심을 충족시킬 기회를 찾으려 한다 해도, 나는 그가 병든 상상력에 자극을 줄 수 있는 것은 어떤 것도 찾을 수 없으리라는 것을 자애롭게 충고하는 바이다. 그는 필수 불가결한 악, 다시 말해 암흑 속에 숨어 있는 악마의 시선이나 가스 불빛 아래 반짝이는 메살리나[82]의 어깨 외에는 어떤 것도 발견할 수 없을 것이다. 그는 순수 예술, 다시 말해 악의 특이한 아름다움, 끔찍함 속의 아름다움만을 발견할 것이다. 그리고 다시 반복해서 말하면 이 모든 무질서한 곳에서 풍겨 나오는 일반적인 느낌은 웃음보다는 슬픔이 더 강하다. 이 이미지들의 특이한 아름다움은 그 이미지들이 주는 도덕적인 풍요로움이다. 이 이미지들은 암시들로 가득 차 있지만 이 암시들은 내 펜이 비록 조형 예술의 표현과 싸우는 데 익숙해 있더라도 부분적으로밖에 번역할 수 없는 쓸쓸하고 잔인한 암시들이다.

---

[82] Valerius Messalina, 25경~48, 로마 클라우디우스 황제의 황후로, 육욕을 주체하지 못해 황후 신분으로 엽기적 매춘 행각을 벌였다고 전해진다.

XIII
마차들

 그렇게 수많은 가로지르는 길에 의해 중단되면서도 **상류 생활**과 **하류 생활**(low life)의 기나긴 화랑들은 계속된다. 잠시 순수하지 않아도 적어도 더 세련된 세계로 옮겨 가자. 그곳에서 건강하지 않을지 모르지만 좀 더 섬세한 향기를 맡아 보도록 하자. 나는 이미 G씨의 붓은 외젠 라미의 붓처럼 댄디즘의 화려함과 멋쟁이의 우아함을 표현하는 데 놀라울 정도로 적합하다고 지적했다. 부자의 태도에 그는 익숙하다. 그는 가벼운 펜 터치와 자신 있는 확신을 갖고 부자들의 단조로운 삶의 결과인 시선과 몸짓 그리고 포즈를 확실하게 그리는 방법을 알고 있다. 이 일련의 특이한 데생들에서 스포츠나 경주, 사냥, 숲속의 산책, 거만한 **레이디들**

(ladies), 날씬한 **미스들**(misses)이 여자처럼 아름다운 선을 가지고 있고, 빛나고, 변덕스러운 순종의 준마를 제대로 한 손으로 조종하는 외부 생활의 많은 일화들이 다양한 모습으로 재현된다. 왜냐하면 G씨는 일반적으로 말[馬]에 정통할 뿐만 아니라, 각각의 말들의 개별적인 아름다움을 표현하는 데 뛰어난 재능이 있기 때문이다. 어떤 때는 길가에서 수많은 마차들이 휴식을 취하며 야영하고 있는데, 마른 젊은이들과 계절에 맞는 기상천외한 의상을 입은 여자들이 방석과 좌석, 마차 위의 의자에서 일어나 몸을 세우고 멀리서 벌어지는 경마장의 성대한 의식을 바라보고 있다. 어떤 때는 기수가 무개 사륜마차 옆으로 우아하게 질주하고 있고, 그의 말은 앞발을 굽힌 자세로 자기 방식대로 인사하는 듯 보인다. 마차는 곤돌라 안처럼 누워서 한가하게 자신들의 귀로 쏟아지는 감미로운 말을 들으며 여유 있게 산책의 바람에 자신들을 맡겨 버린 미녀들을 빛과 어둠으로 줄 쳐진 오솔길로 빠른 속도로 실어 나르고 있다.

모피나 모슬린 천은 그녀들의 턱까지 올라와 마차 문 위로 물결처럼 넘쳐흐른다. 그녀들의 하인은 수직으로 몸을 꼿꼿하게 세우고 움직이지 않은 채 서로 닮아 있다. 그 모습은 항상 정확하고 규율 잡힌 복종으로 인해 단조롭고 입

체감도 없다. 그들의 특성은 아무것도 가진 것이 없다는 데 있다. 배경의 숲은 시간과 계절에 따라 녹색이나 갈색으로 변하고 먼지가 일거나 또는 어두워진다. 숲속은 가을 안개와 푸른 어둠, 노란 광선, 장밋빛 광휘(effulgences),[83] 그리고 긴 칼날을 내리쳤을 때처럼 어둠 속을 가르는 날카로운 섬광으로 가득 차 있다.

설령 오리엔트의 전쟁을 그린 수채화들에서 풍경화가로서 G씨의 능력이 보이지 않았더라도, 분명히 이 풍경화들은 충분히 그 능력을 보여 줄 것이다. 하지만 이곳은 크리미아 지역의 황폐한 땅이나 보스포루스의 극적인 강변과는 관계가 없다. 진정한 낭만주의 예술가라면 무시할 수 없는 빛의 효과를 보여 주는 대도시를 둥글게 감싸는 친근하고 은밀한 풍경을 우리는 다시 발견한다.

이곳에서 짚고 넘어가야 하는 또 다른 장점은 마구와 마차의 차체에 대한 우리 예술가의 놀라운 지식이다. G씨는 마차 하나하나, 모든 종류의 마차를 그리고 색을 칠할 때, 모든 종류의 선박에 정통한 해양화가처럼 똑같이 정성스럽게, 쉽게 작업한다. 마차의 차체 전체는 완벽하게 전통적

---

83) 보들레르가 새로 만든 말.

이다. 각 부분은 제자리에 정확하게 위치하여 어느 하나도 다시 작업할 필요가 없다. 마차가 어떤 태도를 취하건 어떤 속도로 달리건 간에 마차는 배처럼 그 움직임에서 속기로 적기에도 아주 어려운, 신비하고 복잡한 우아함을 끌어낸다. 예술가의 눈이 거기에서 받아들이는 기쁨은, 배이건 마차의 몸체이건 이미 그 자체로 복잡한 이 대상이 공간에서 계속적으로 또 빠르게 만들어 내는 일련의 기하학적 형태에서 나오는 것 같다.

나는 몇 년 뒤에 G씨의 데생들이 문명화된 삶의 소중한 고문서가 될 것이라고 분명히 장담할 수 있다. 호기심 많은 사람들은 드뷔쿠르, 모로,[84] 생오뱅, 카를 베르네,[85] 드베리아, 가바르니, 그리고 친근한 모습과 예쁜 모습만을 그렸다고 해도 자신들 방식대로 심각한 이야기꾼들인 모든 우아한 예술가들의 작품들을 뒤지듯이 그의 작품들을 찾을 것이다. 그들 중 어떤 사람들은 예쁜 모습에 너무 많은 것을 희생하였고, 또 다른 사람들은 자신들의 작품 속에 주제와는 동떨어진 고전적인 **스타일**을 집어넣었다. 또 어떤 사람들은

---

[84] 프랑스 형제 화가 루이 가브리엘(Louis Gabriel Moreau, 1740~1806)과 장 미셸 모로(Jean-Michel Moreau, 1741~1814).
[85] Carle Vernet, 1758~1836, 프랑스 화가. 제6장에 나온 오라스 베르네의 아버지.

의도적으로 각진 부분을 둥글게 그리고, 삶의 거친 모습을 평탄하게 하고 번개 치는 섬광을 약화시켰다. 그들보다 기교가 뒤떨어지는 G씨는 자신만 가진 깊이 있는 장점이 있다. 그는 다른 예술가들이 무시한, 특히 세계인이 수행해야 하는 임무에 속하는 기능을 의도적으로 완수하였다. 그는 도처에서 현재 생활의 순간적이고 일시적인 아름다움과 독자가 우리에게 현대성이라고 부르도록 허락한 것의 특성을 찾았다. 가끔은 이상하고 격렬하고 과도하지만 항상 시적인 그는, 자신의 데생에 삶이라고 하는 술의 쓸쓸하고 독한 맛을 농축시킬 줄 알았다.

| 해제 |

보들레르의 도시 산보자
- 그 영원성과 순간성의 미학

박기현

운문시집 『악의 꽃』, 산문시집 『파리의 우울』의 시인으로 잘 알려진 보들레르(Charles Baudelaire, 1821~1867)는 동시대의 미술 관전(官展) 평론인 「1845년 살롱평」, 「1846년 살롱평」, 「1855년 만국박람회 평론」, 「1859년 살롱평」, 그리고 당대 신문의 발달로 인해 크게 유행하던 캐리커처와 관련하여 「웃음의 본질과 조형 예술에서의 코믹한 것에 대하여」, 「몇몇 프랑스 캐리커처 작가들」, 「몇몇 외국 캐리커처 작가들」, 그리고 들라크루아가 죽은 뒤에 「외젠 들라크루아의 삶과 작품들」 등을 발표한 예술비평가였다. 「현대 생활의 화가」는 보들레르가 일반 대중에게 잘 알려지지 않았으나 1859년 무렵 개인적으로 친분을 쌓게 된 풍속화가 콩스탕탱 기스(Constantin Guys, 1802~1892)를 소개하고 그의 작품들의 특성을 설명한 에세이다. 특히 이 글은 젊은 화가 마네(Edouard Manet, 1832~1883)가 〈풀밭 위의 점심 식사〉로 스캔들을 일으키고, 또한 낭만주의 화가 들라크루아가 숨을 거둔 1863년에 세 차례에 걸쳐 〈피가로〉지에 연재되었고, 그 후 수정을 거쳐 보들레르 사후 출간된 『낭만주의 예술』에 실렸다.

우리나라에 거의 소개된 바 없고 프랑스에서조차도 널리 알려지지 않은 예술가 콩스탕탱 기스는 누구인가? 그의 생애와 작품들을 자세히 다룬 작가 연구서가 없는 현재로서 지금까지 알려진 그의 생애를 간략히 요약해 보면,[1] 콩스탕탱 기스는 1802년 네덜란드의 블리싱겐(당시에는 프랑스 지배하에 있었다)에서 태어나 1892년 프랑스 파리에서 죽은 여행가, 삽화가, 소묘화가, 전쟁 리포터이다. 보들레르보다 19년 연상으로 발자크, 빅토르 위고, 도미에의 세대에 속하는 그는, 어린 시절을 프랑스 덩케르크에서 보냈고 1816년부터 파리에서 생활하다 1820년 18세에 가

---

[1] 콩스탕탱 기스의 삶과 그 여정에 대해서는 보들레르 전문가 로베르 코프(Robert Kopp)가 2007년 오르세 미술관에서 행한 강연 「파리 풍경: 마네, 보들레르, 기스」를 듣고 참조했음을 밝혀 둔다. 그 내용이 궁금한 독자는 오르세 미술관 인터넷 사이트에서 지금도 들을 수 있다.

족과의 불화로 영국으로 건너갔다. 모험을 좋아하는 기질인 그는 영국 시인 바이런의 전철을 밟아 그리스 독립 전쟁(1821~1829)에 참여하였고, 1827년에는 프랑스 군대에 참여하여 유럽과 중동 지방을 여행하였다. 1830년에서 1842년 사이의 행적에 대해서는 자세히 알려지지 않고 있지만 1843년부터 영국에 정착하여 그 전해에 창간된 최초로 삽화가 삽입된 주간지인 〈일러스트레이티드 런던 뉴스〉에서 활동하기 시작하였다.

그전까지 전문적인 미술 교육을 받지 않았던 그는 1847년에는 〈일러스트레이티드 런던 뉴스〉지를 위해 프랑스 삽화가 가바르니를 채용하기도 하였다. 그 당시에는 아직 신문 기사를 위해 사진이 사용되기에는 기술적인 어려움이 있었기에 짧은 시간에 그림을 통해 사건의 개요와 전체적인 윤곽을 전해 줄 삽화가들이 필요했기 때문이다. 1848년부터 1860년에 걸쳐서 〈일러스트레이티드 런던 뉴스〉의 전쟁 뉴스 특파원으로서 유럽 각국에서 벌어진 역사적인 사건을 취재하고 그 사건들을 빠른 스케치로 영국으로 전송하면, 〈일러스트레이티드 런던 뉴스〉는 그의 그림을 판화로 제작하여 신문의 뉴스와 함께 볼거리를 제공하였다. 1848년에는 프랑스 혁명 소식을 전하기 위하여 프랑스 특파원으로 파견되어 1848년 6월 혁명 당시 혁명군의 모습을 스케치로 표현하였고, 1848년 12월에 국회에서 루이 나폴레옹이 선서를 하는 모습을 런던에 삽화로 전송해 주었으며, 1852년 12월 3일 루이 나폴레옹이 쿠데타를 일으킨 그 시기에도 파리에서 활동하였다. 특히 그는 1853년에서 1856년까지 크리미아 전쟁에 종군하였고, 그 외에도 중동, 영국, 이탈리아, 스페인, 독일 등을 여행하고 많은 풍속 스케치를 남겼으나 그 여행의 자세한 여정에 대해서는 아직 밝혀지지 않고 있다. 1859년경부터 파리에 거주하며 보들레르와 만났으며 그 후 파리의 풍속과 풍경들에 대하여 많은 수채화와 크로키들을 남겼다. 겸손하고 사람들에게 알려지기를 극도로 꺼려 자신의 작품에 서명조차도 하지 않는 기스를 소개하기 위해 보들레르는 그의 실명을 감추고 그냥 'G씨'(본문 19쪽)로 소개하고 있다.

「현대 생활의 화가」는 총 열세 장(章)의 짧은 글로 이루어졌는데 그 목차를 차례대로 살펴보면, '아름다움, 유행, 그리고 행복', '풍속의 스케치', '예술가, 세계인, 군중의 인간 그리고 아이', '현대성', '기억의 예술', '전쟁의 연대기', '화려한 의식과 성대한 축제', '군인', '댄디', '여자', '화장 예찬', '여자들과 창녀들', '마차들' 등이다. 이 작품은 때로는 산문시를 연상시키는 시정(詩情) 넘치는 묘사와, 콩스탕탱 기스의 작품 주제와는 직접적인 연관성은 없으나 보들레르의 미학 세계를 엿보게 하는 제9장 '댄디', 제10장 '여자', 제11장 '화장 예찬', 그리고 특히 제4장 '현대성'을 둘러싼 다양한 담론들로 인해 19세기 프랑스 사회 모습과 보들레르의 미학을 다시 생각해 보게 하는 뛰어난 미학 에세이라 할 수 있다.

우선 에세이 초반부에서 보들레르는 화가들에게 현재의 풍속화를 그리기를 요구하면서 현대적인 아름다움에 대한 특이한 공식을 사용한다. "현재의 재현에서 추출하는 즐거움은 현재를 감싸고 있는 그 아름다움에서뿐만 아니라 현재의 본질적인 특성에 기인하는 것이다"(9쪽). '현재의 재현'이란 표현은 사실 이 현대적인 아름다움을 구성하는 두 요소를 포함하고 있다. 고전주의 시대 미학의 핵심 개념인 '재현'은 아름다움의 영원하고 불변하는 요소를 예고하고 있지만 '현재'라고 하는 시간 개념은 그 역사적인 가치에서 볼 때 영원불변하는 요소에 우연적이고 일시적인 면을 가미하고 있다. 현재를 어떻게 재현할 것인가? 「1846년 살롱평」에서 보들레르는 "고대 생활은 많은 것을 재현하고 있었다"[2]고 술회

한다. 하지만 이미 「1845년 살롱평」에서 보들레르는 '현대 생활의 영웅주의'를 기원하며, 화가들에게 현대적인 주제를 선택하라고 조언한다. "**현대 생활의 영웅주의**는 우리를 감싸고 우리를 억누르고 있다. (…) 현실 생활에서 그 서사적인 면을 끌어낼 줄 알며, 넥타이를 매고 구두를 신은 우리가 얼마나 위대하고 얼마나 시적인가를 색채와 데생으로 보여 주고 이해시켜 줄 수 있는 사람이야 말로 **화가**일 것이다. 내년에는 진정한 탐구자들이 나와서 **새로움**의 도래를 경축할 이 독특한 즐거움을 선사해 주기 바란다."[3] 1845년에 보들레르가 강조하고 있는 화가는 '새로움'이라는 즐거움을 줄 수 있는 '현대 생활의 화가'이다. 그러나 조건이 붙어 있다. '현대 생활'에서 '서사적인 면'을 끌어낼 수 있는 화가, 현대적인 의상을 입고도 영웅적인 모습을 보여 줄 수 있는 화가를 요구하는 것이다. '현대 생활의 영웅주의'는 「1846년 살롱평」의 마지막 장 '현대 생활의 영웅주의에 대하여'에서 다시 자세하게 언급된다.

이곳에서 보들레르는 '현대 생활의 영웅주의'의 특성으로

---

2) Charles Baudelaire, *Oeuvres completes*, texte établi et présenté par Claude Pichois (Gallimard, 1975/6), vol. II, p. 493. 이하, 'II.493'처럼 약칭.
3) II.407.

'자살', '검은색이라는 현대 의상', 그리고 '누드'를 거론하면서 최고의 '현대 생활의 영웅주의'를 그린 작가로 발자크를 들고 있다.[4] 두 살롱평에서 보들레르가 공통적으로 관심을 표현하는 영역은 '현대 생활의 영웅주의'와 '죽음'을 상징하는 '검은색'의 의상이다.[5] 현대 세계는 그에게 항구적인 슬픔의 장례식만을 보여 줄 뿐이다. "그렇지만 그토록 놀림감이 되어 온 이 의상도 자신의 아름다움과 자신의 매력을 갖고 있는 것은 아닐까? 이 의상은 검고 야윈 어깨 위까지 영원한 슬픔의 상징을 짊어지고 있는 우리의 고통스러운 시대에 필요한 의상이 아닐까? 검은 옷과 프록코트는 보편적인 평등의 표현이라는 정치적 아름다움을 가질 뿐만 아니라 공적인 영혼의 표현인 시적 아름다움도 갖고 있다는 것을 유의하기 바란다."[6] 1846년 이 시대에 '보편적 평등'을 표현하고 '공적인 영혼'을 상징하는 그림을 그린 화가는 누구

---

[4] 보들레르가 발자크에게서 받은 영향과 그 상호 관계에 대해서는 Graham Robb, *Baudelaire, lecteur de Balzac* (José Corti, 1988) 참조.
[5] 일본의 보들레르 연구 전문가인 아베 요시오(安部郎雄)는 1846년 '현대 생활의 영웅주의'를 가장 잘 구현할 미래의 화가가 〈오르낭의 장례식〉을 그린 쿠르베일 것이라고 가정하고 그 가정을 신빙성 있게 증명하고 있다. Yoshio Abé, "Baudelaire et la peinture réaliste", *Cahiers de l'Association internationale des études françaises*, No. 18 (1966) 및 아베 요시오, 정명희 역, 『군중 속의 예술가』(고려대 출판부, 2006) 참조.
[6] II.494.

일까? 보들레르는 낭만주의를 재정의하고 색채를 찬양하며,[7] "위대한 전통은 사라졌고, 새로운 전통은 아직 세워지지 않았다"[8]며 들라크루아를 "현대 화파(畵派)의 대표자",[9] "예술의 진보에 있어서 최후의 표현"[10]으로 극찬하였지만, 자신이 살고 있던 동시대를 묘사한 화가로서는 외젠 라미와 가바르니를 추천하며[11] 풍자화가 도미에의 데생을 앵그르와 들라크루아와 비교하며 높게 평가한다.[12] 현대 생활을 그린 풍속화, 풍자화에 대한 보들레르의 관심은 계속되어 1855년 「웃음의 본질과 조형 예술에서의 코믹한 것에 대하여」, 1857년 「몇몇 프랑스 캐리커처 작가들」과 「몇몇 외국 캐리커처 작가들」을 발표한다. 웃음에 대한 철학적 고찰인 '웃음론'과 현대 캐리커처에 대한 보들레르의 사유는 「1846년 살롱평」에서 강조하는 '현대 생활의 영웅주의'와 「현대 생활의 화가」를 연결하는 징검다리 역할을 하고 있다.

---

7) 「1846년 살롱평」 제3장 '색채에 대하여' 참조. II.422-426.
8) II.493.
9) II.427.
10) II.441.
11) 보들레르는 가바르니를 '공식적인 댄디즘의 시인', 외젠 라미를 '일시적이고 모험적인 댄디즘의 시인'이라고 각각 평가한다. II.494.
12) 외젠 라미, 가바르니, 도미에는 이 번역서의 제2장 '풍속의 스케치'에 다시 등장한다. 16-17쪽.

그러나 「현대 생활의 화가」에서 가장 많이 인용되는 곳은 제4장 '현대성'이다. 이 장에서 보들레르는 '현대성(modernité)'을 여러 차례에 걸쳐 정의하는데 그 모호하고도 모순적인 구절들 때문에 해석자에 따라 다양한 해석이 유발되고 있다. 그는 우선 현대성이란, "유행으로부터 역사적인 것 안에서 유행이 포함할 수 있는 시적인 것을 꺼내는 일, 일시적인 것으로부터 영원한 것을 끌어내는 일"(33-34쪽)이라고 정의하고 있다. 이때의 현대성은 현재의 범속함 속에서 초월적인 아름다움을 인식하는 행위, 역사적인 아름다움을 통해서 영원한 아름다움을 재현하는 행위를 의미한다. 이때 영원성과 순간성은 현대성의 두 구성 성분이며, 비중은 영원성에 더 맞추어져 있다. 곧이어 몇 줄 뒤에서 보들레르는 현대성을 다시 정의하는데, 이때의 현대성은 "일시적인 것, 순간적인 것, 우연한 것으로 예술의 반을 이루고, 나머지 반은 영원한 것, 불변의 것"(34쪽)이라고 주장하고 있다. 이 정의는 글의 초반부에 그가 예고했던 "미의 합리적이며 역사적인 이론"(11쪽)에 부합하고 있으며, 그가 밝힌 대로 "미가 빚어내는 인상이 하나일지라도 반드시 항상 이중적으로 구성되어 있다"(11쪽), "미는 그 양을 결정하기가 매우 어려운 영원하고 불변적인 요소와 상대적이고 상황적인 요소로 이루어졌는데, 이 상대적이고 상황적인 요소는 번갈아 가며 혹은 일체가 되어, 이를테면 시대나 유행, 윤리나 열정이 되는 것"(12쪽)이라는 주장과도 연결된다. 이 때의 현대성이란 아름다움의 상대적이고 우연적인 가치만을 지칭하는 개념이라고 할 수 있다. 이러한 모순적인 정의 때문에 해석자에 따라서 보들레르의 현대성을 해석하는 데 예술의 '영원성'에 비중을 두기도 하고, 또는 '순간성'을 강조하기도 한다.[13] 여기서는 보들레르가 수 세기 동안 내려오던 '아름다움'에 대한 절대적인 이론에 대항하여 아름다움의 상대적인 가치, 그 다양성을 강조하고 있다는 점만 지적해 두기로 하자.

「현대 생활의 화가」를 읽으면서, 왜 보들레르가 현재를 재현하는 화가로서 현대 회화의 시조로 인정 받고 있는 마네보다 콩스탕탱 기스를 선택하였을까 하는 의문을 제기할 수 있다. 보들레르에게 있어서 현대성은 단순히 동시대적인

---

[13] 이 주제에 관한 글로는 Antoine Compagnon, "L'éternel minuscule", *Baudelaire devant l'innombrable* (P.U.F., 2003) 참조. 앙리 메쇼니크(메쇼닉)가 적확하게 지적했듯이, 보들레르는 '현대성'을 논할 때 '현대 예술'을 지칭한 것이 아니라 '현대적 삶'을 지칭하고 있다. 앙리 메쇼닉, 김다은 역, 『모데르니테, 모데르니테』(동문선, 1999), p. 144.

혹은 공식적인 주제의 선택에 한정되는 것이 아니라 세계를 재현하는 새로운 방식의 문제에 연관되어 있다. 콩스탕탱 기스가 현대적인 이유는 그가 재현하는 장면들, 그가 좋아하는 작업 형태(크로키와 데생 등), 그가 사용하는 방법들(산보하면서 관찰하거나 기억하는 작업), 그리고 작품 제작의 신속성 때문이다. 제3장 '예술가, 세계인, 군중의 인간 그리고 아이'와 제5장 '기억의 예술'에는 보들레르가 선호하는 두 이미지가 두드러지게 나타난다. 우선 '예술 행위'로서의 거리 산보의 이미지이다. 즉, 현실 세계가 변해 가고 있고 그 현실 세계를 가로질러 가면서 현실 세계가 암시하는 것들을 관찰하는 예술 행위로서의 거리 산보가 그 첫 번째이고, 두 번째는 변해 가는 파리의 풍경들, 즉 '예술 대상'의 이미지이다. 시간을 눈에 보이게 하는 것, 순간적인 것에서 아름다움을 추출하는 행위, 이것이 현대 예술의 기능이다. 콩스탕탱 기스를 순간성의 화가가 될 수 있게 한 이유는 우선 "먼저 삶을 관조하기 시작했고, 나중에야 삶을 표현하는 모든 방법들을 배우는 데 힘썼"기 때문(39쪽)이라고 보들레르는 분석하고 있다. 예술 행위로서의 산책과 산보자(flâneur)에 대하여 사회적 해석을 시도하는 발터 벤야민[14]은 보들레르에서 대도시 산보자의 전형을 발견하고 보들레르의 시적

영감의 원천이 거리 산책에 있음을 밝혀낸다. 산보자에 대한 벤야민의 관심은 한편에서는 산보자의 지각 방식이 현대 예술가의 예술 창작 방식을 설명하는 모델이라는 점과 다른 한편에서는 거리 산보가 현대의 역사적 인식을 위한 중요한 매체라는 점 때문이다. 벤야민에 의하면 1840년대에 등장한 다양한 '생리학' 서적들은 길거리에서 볼 수 있는 수많은 형태의 독창적인 사람들의 유형들을 분류하고, 군중이라는 이름의 보편화 앞에서 느끼는 두려움을 감추는 문학 형태이며, 「군중 속의 남자」로 대표되는 에드가 포의 탐정소설은 동질적인 군중의 지루함에서 벗어나기 위해 도시를 위험의 공간으로 만들고 추적자와 추적의 장소를 변용시킴으로써 대도시를 환상적인 공간으로 재창조한다. 그래서 생리학이나 탐정소설에 등장하는 중요한 두 요소는 위협적인 면모를 띠고 거리를 휩쓰는 군중의 물결, 그리고 거리에서 이러한 군중을 관찰하고 기록하는 관찰자이다. 이러한 군중 속의 산보자의 전형을 벤야민은 보들레르에게서 발견한다.

그리고 「현대 생활의 화가」에서 보들레르의 독특한 미학 세계를 엿볼 수 있는 부분은 제9장 '댄디'이다. 보들레르의

---

14) 발터 벤야민, 김영옥·황현산 역, 『보들레르에 나타난 제2제정기의 파리 외』(길, 2010) 참조.

정의에 따르면 댄디는 사랑이나 돈을 목적으로 하지 않으며 물질적인 우아함을 추구하지 않는다. 차라리 '정신의 귀족적 우월함' 이나 '품위'를 우선시하며, 그 근저에는 '개인적인 독창성을 만들어 내려는 열정적인 욕구', 즉 일종의 '자아 숭배'이며 '남을 놀라게 하는 기쁨'을 바탕으로 하고 있다. 댄디는 '정신주의'와 '금욕주의'에 근거한 일종의 '종교'로서 그 속에는 '광기', '정열,' '용기', 그리고 '내적 에너지'가 존재한다. 그 사회적 표현은 '대립'과 '반항'으로 나타나며, 시기적으로 귀족주의에서 민주주의로 이행하는 격동기에 나타난다. 그래서 댄디즘은 '데카당스 시대에 출몰하는 영웅성의 최후의 폭발'이다.

이러한 댄디의 시각으로 보들레르는 「현대 생활의 화가」에서 세 개의 장(제10, 11, 12장)을 여성에 대한 글에 할애하는데, 이 글들은 댄디에 의해 쓰여진 여성에 관한 풍부하고도 관능적인 몽상 그리고 그 속에 숨겨진 독설로 가득 찬 텍스트라 할 수 있다. 보들레르는 "숫자와 물결침, 움직임 그리고 사라짐과 무한 "(27쪽)을 자신의 거처로 삼는 화가가 표현하는 확고한 여성의 시선과 힘찬 데생을 강조한다. 여성은 부드러움과 보석, 화장과 모슬린 천에 감겨서 사람들을 매혹하고 놀라게 하고, 무한으로의 길을 열어 주는 존재이다. 스탕달의 주장처럼 '행복의 약속'이라는 아름다움과, 자신이 지배하는 조화로운 세계와 물결과 배의 움직임을 환기하는 수많은 선들의 운동에 의해 여성은 자기 자신을 넘어서는 저 너머의 세계, 즉 꿈으로 가득한 행복한 세계나 혹은 악으로 가득 찬 심연의 세계를 보여 준다. '우상'이며 "끔찍하면서도 신처럼 의사소통할 수 없는"(78쪽) 존재인 여성의 목표는 사람들을 놀라게 하고 사람들을 흥분시키는 쾌락을 나누어 주는 것이다. 여성은 세련된 화장술과 태도 그리고 무엇보다도 이상한 매혹을 지닌 시선으로 인해 마술적인 존재로 보인다. 여성은 매혹적인 시선으로 자신을 바라보고 있는 사람을 신비하고도 병적인 흥분 상태로 빠트린다. 특히 보들레르는 제12장 '여자들과 창녀들'에서 "몰래 영업하는 아름다움"(92쪽)의 세계를 묘사한다. 보들레르가 묘사하는 여인들은 생각에 잠긴 채 카페에서 시가를 피우는 거리의 여인, 기나긴 옷으로 바닥을 쓸며 화랑을 방황하는 여인, 고급 창녀이면서 길거리에서 손님을 찾으려는 시인과도 같은 연극 하는 여인들이며, 이 모든 여인들은 방랑하고 반항하는 여인들이며, 우아함의 취기에 빠져 있거나 또는 사창가의 노예들인 여인들이다. 결국 현대성의 화가는 이 "죽음의 요정들"과 "살아 있는 인형들"에게서 "악의 특이한 아름다움, 끔찍함 속의 아름다움"(96-98쪽)을 추출하여 표현하려고 애쓰는 화가인 것이다.

지금까지 간략하게 살펴 본 것처럼 「현대 생활의 화가」는 콩스탕탱 기스라고 하는 풍속화가와 그의 작품들을 통해 '현대성'이란 미적 개념을 창안하고 현대로 나아가는 문을 연 보들레르가 앙투안 콩파뇽이 밝힌 바와 같이 '현대성'을 지향하면서도 그 현대성 속에 숨겨진 슬픔을 읽어 내고 저항하려고 한 반(反)현대인의 미학 텍스트라고 평가할 수 있다.[15]

작은 분량의 텍스트지만 보들레르의 글을 번역하면서 혹시나 보들레르의 생각을 왜곡시키지나 않을까 하는 두려움 속에서 진행한 번역 작업이었다. '현대성'으로 번역한 프랑스어 'modernité'는 종종 '근대성'으로 번역되지만 보들레르가 살았던 시대의 그 느낌을 살리려 '현대성'으로 번역했으며, '현대 생활'로 옮긴 'la vie modrne' 역시 문맥에 따라서 '현대적 삶'이라고 옮기기도 하였다. 'beauté' 역시 문맥에 따라서 '미', '아름다움', '미인'으로, 'mode' 역시 필요에 따라 '패

---

15) Antoine Compagnon, *Les Antimodernes: De Joseph de Maistre à Roland Barthes* (Gallimard, 2005)와 2012년 콜레주 드 프랑스에서 강연한 "보들레르: 현대인/반현대인" 참조.

션', '유행', '의상' 등으로 다양하게 번역했다. 번역 텍스트는 1975년과 그 이듬해 클로드 피슈아가 책임 편집한 『보들레르 전집』에 기초하였음을 밝혀 둔다.

  이 작은 책을 번역, 출간하는 데 많은 도움을 받았다. 먼저 「현대 생활의 화가」를 출간하도록 격려해 주신 기파랑 인문서재의 박정자 선생님께 감사드린다. 편집을 맡아 주신 출판사 편집부의 박은혜 님, 그리고 본문 교정과 오역 점검, 주석 및 도판까지 번역 작업만 빼고 모든 일을 맡아 준 김세중 님께 깊은 감사를 드린다. 그가 없었다면 이 작은 책의 출간은 어려웠을 것이다. 그는 단순한 교정자가 아니라 보들레르 미학에 대한 깊은 이해를 가진 멋진 대화 상대였다. 전남대학교 문화전문대학원 동료들과 제자들에게도 고맙다는 말을 전하고 싶다. 그리고 마지막으로 내 가족들, 변덕스러운 나를 잘 견뎌 주는 지순, 그리고 사랑스런 두 딸 수지와 예지에게 이 조그만 번역의 '꽃'을 바친다.

2013년 10월
광주 무등산 아래에서
박기현 씀

보들레르의
현대 생활의 화가

초판 1쇄 발행 2013년 11월 25일
초판 2쇄 인쇄 2019년 10월 1일

지은이 · 샤를 보들레르
번역, 해설 · 박기현
펴낸이 · 안병훈

펴낸곳 · 인문서재
등 록 · 2004. 12. 27 제300-2004-204호
주 소 · 서울시 종로구 대학로8가길 56 동숭빌딩 301호
전 화 · 02-763-8996(편집부) 02-3288-0077(영업마케팅부)
팩 스 · 02-763-8936
이메일 · info@guiparang.com
홈페이지 · http://www.guiparang.com

ⓒ 박기현, 2013
ISBN 978-89-6523-898-0 03300